Espaces littéraires

Je mourrai pas gibier

Guillaume Guéraud

Cornelsen

Espaces littéraires | Je mourrai pas gibier
Guillaume Guéraud

Herausgeber: Otto-Michael Blume
Vokabelannotationen und Aufgaben: Silke Topf
Verlagsredaktion: Sandra Brandstetter, Bernau am Chiemsee
Umschlaggestaltung: werkstatt für gebrauchsgrafik, Berlin
Layout und technische Umsetzung: Annika Preyhs für Buchgestaltung +, Berlin
Umschlagfoto: © Radius Images / Corbis

Quellenverzeichnis:
Texte: © Éditions du Rouergue, 2006 Reprinted by permission of Éditions du Rouergue – © L'Evene.fr, S. 72–73 – © Médiathèque Noisy-le-Sec, S. 75–77 – © www.interdits.net: Sylvian Marcelli, S. 79–81 – © Frankfurter Allgemeine Zeitung GmbH, Frankfurt. Zur Verfügung gestellt vom Frankfurter Allgemeine Archiv, alle Rechte vorbehalten, S. 83–84 – © www.ricochet-jeunes.org: Annie Rolland, S. 85–92.
Foto: © Éditions du Rouergue, S. 95.

Verwendete Abkürzungen

adj.	adjectif	litt.	littéraire	qc	quelque	jmd	jemand
adv.	adverbe	loc.	locution	qn	chose	jdm	jemandem
f.	féminin	m.	masculin	vulg.	quelqu'un	jdn	jemanden
conj.	conjonction	péj.	péjoratif		vulgaire	etw.	etwas
fam.	familier	pl.	pluriel				

www.cornelsen.de

1. Auflage, 1. Druck 2012

Alle Drucke dieser Auflage sind inhaltlich unverändert und können im Unterricht nebeneinander verwendet werden.

Druck: H. Heenemann, Berlin

ISBN 978-3-06-020690-2

Inhalt gedruckt auf säurefreiem Papier aus nachhaltiger Forstwirtschaft.

Je mourrai pas gibier

Annexe

1

Des raisons, on peut toujours en trouver. Des bonnes ou des mauvaises. En pagaille[1]. Mais c'est pas mon boulot[2].

Il y a des spécialistes pour ça. Ils vont sûrement me poser un milliard de questions sur les coups que j'ai pu prendre quand j'étais môme[3] et sur les trucs que je voyais à la télé et sur la fois où j'ai rayé[4] la voiture de ma prof de maths ou encore sur mes poissons que j'ai laissé crever de faim[5] pendant les dernières vacances. Après ça, ils me montreront des taches[6] qui ressemblent à rien et ils attendront que je leur dise à quoi ça ressemble. Je ne vois pas ce que je pourrai leur raconter.

Je ne peux plus faire de mal à personne, maintenant. Même pas à moi. Ils m'ont ôté[7] mes lacets[8] et ma ceinture.

Ils ne tiennent pas à ce que je me foute en l'air[9]. Mais, n'importe comment, il y a toujours un moyen.

Le plus pratique aurait été avec le fusil[10] que j'ai utilisé pour dégommer[11] tout le monde. J'avais d'ailleurs prévu de

1 en pagaille *f.*: *fam.* en désordre *m.*: durcheinander
2 le boulot: *fam.* le travail
3 le/la môme: *fam.* l'enfant *m.*
4 rayer qc: etw. verkratzen
5 crever de faim: *fam.* verhungern
6 la tache: Fleck
7 ôter qc: enlever qc
8 le lacet: Schnürsenkel
9 se foutre en l'air *m.*: *fam.* sich in die Luft jagen
10 le fusil: Gewehr
11 dégommer: ausradieren

conserver deux cartouches[1] pour ma pomme[2]. Sauf que, j'ai dû me laisser emporter par l'euphorie, je les ai toutes tirées[3].

Je me suis bien jeté par la fenêtre, à la fin, mais du premier étage ça risquait pas grand-chose, je me suis juste déboîté un genou[4], ça m'a servi à rien d'autre qu'avoir mal.

Je hurlais comme un putois[5] quand les flics sont venus me ramasser. Et je chialais[6]. À cause de ce genou qui me faisait un mal de chien. Il était tordu[7] de manière impossible, en dedans, comme si je m'étais sarclé[8] la jambe dans le mauvais sens.

– Ma parole ! a braillé[9] un gendarme.

– Combien de victimes ? a demandé un autre.

– Trois ! j'ai entendu répondre – et j'ai ricané[10] en même temps que je chialais.

– Quatre… a corrigé une voix chevrotante[11].

– Et deux dans le garage ! a signalé encore un autre.

Les chiffres, c'est pas mon truc. Mais ce dont je suis sûr, c'est que j'avais pris toutes les cartouches. Il y en avait dix-huit. Et, à la fin, il n'en restait plus.

– Martial[12] ! m'a appelé ma mère en tentant de franchir[13] la barrière des flics.

1 la cartouche: la munition
2 pour ma pomme: *fam. ici* pour moi-même
3 tirer qc: etw. abschießen
4 se déboîter le genou: sich das Knie verrenken
5 hurler comme un putois: *fig.* Zeter und Mordio schreien
6 chialer: *fam.* pleurer, se plaindre
7 tordu/e *adj.*: verdreht
8 se sarcler la jambe: se tordre
9 brailler: *fam.* hurler
10 ricaner: feixen, kichern
11 chevrotant/e *adj.*: zittrig
12 martial/e *adj.*: kriegerisch (*hier* französischer Vorname)
13 franchir: *ici* surmonter

J'ai levé la tête et j'ai aussi vu mon père, plus loin, plié en deux[1], en train de tousser.

– Sept individus touchés ! a enfin totalisé un gendarme.

– Huit ! a établi plus tard un docteur qui, contrairement aux flics, m'avait inclus dans le lot[2]. Cinq morts ! Deux personnes dans un état grave[3] ! Et un blessé léger !

Le blessé léger, c'est moi.

Pour le reste, c'est vrai que ça fait du monde.

Je ne suis pas spécialement bon tireur[4] mais, avec les cartouches de chasse[5], le plomb part en gerbe[6] et ratisse[7] large, alors pas besoin de savoir viser[8] correctement pour toucher un bonhomme, surtout quand il a la taille de M. Listrac.

Il y en a pourtant quelques-uns que j'ai manqués. Mais pas M. Listrac. Je lui ai tiré quatre ou cinq fois dedans. Je lui ai fait sortir les boyaux[9] du ventre. Je lui ai transformé l'abdomen[10] en charpie[11].

– Il y a un enfant parmi les victimes... a déploré le docteur.

Un flic n'a pas pu s'empêcher[12] de me filer des coups de pied en entendant ça.

– Arrête ! l'a retenu un de ses collègues.

1 plié/e *adj.* en deux: gebeugt
2 dans le lot: *ici* parmi les victimes
3 dans un état grave: *ici* gravement blessé/e *adj.*
4 le tireur: Schütze
5 la chasse: Jagd
6 le plomb part en gerbe *f.*: das Blei verteilt sich in alle Richtungen
7 ratisser: se disperser régulièrement
8 viser qn/qc: auf jdn/etw. zielen
9 les boyaux *m. pl.*: *fam.* Gedärme
10 l'abdomen *m.*: le ventre
11 en charpie *f.*: in Fetzen
12 s'empêcher de faire qc: sich daran hindern, etw. zu tun

– Sans déconner[1] ! a aboyé[2] celui qui me fracturait[3] les côtes[4] avec ses bottes. Ce sauvage[5] a confondu un mariage avec une partie de chasse ! Ouvre les yeux ! Il a aligné un tas de braves gens ! Dont un môme ! Et tu as vu la mariée ? Sa robe est gorgée[6] de sang… Avec un trou[7] grand comme ça sur le devant !

Un autre emballait le fusil dans un sachet plastique.

– Il faut récupérer les douilles[8] ?

– Et le reste ! lui a ordonné son supérieur.

Parce que je ne me suis pas servi que du fusil.

Le fusil est venu après.

D'abord, j'ai pris les premières choses qui me sont tombées sous la main.

Une vieille pelle[9] qui traînait[10] dans le garage.

Et un marteau[11].

1 sans déconner: *fam.* ohne Scheiß
2 aboyer: bellen
3 fracturer: casser
4 les côtes *f. pl.*: Rippen
5 le/la sauvage: Wilder/Wilde
6 être gorgé/e *adj.* de: être plein/e *adj.* de
7 le trou: Loch
8 la douille: Patronenhülse
9 la pelle: Schaufel
10 traîner: herumliegen
11 le marteau: Hammer

Sujets d'étude

A. Pendant la lecture

1. «Ils vont sûrement me poser un milliard de questions sur les coups que j'ai pu prendre ...» (p. 5, l. 3–4)
   Qui dit cette phrase? Quand? Où? Pourquoi?
   À propos de quelle situation?
2. Qu'est-ce que vous apprenez au cours de ce premier chapitre sur le protagoniste (le narrateur)? Notez tous les détails.

B. Après la lecture

1. Résumez le premier chapitre.
2. Il existe une bande dessinée de l'auteur Alfred à propos de ce livre. Regardez les dessins correspondants au premier chapitre en consultant www.tinyurl.com/czvnwtl
   a) Qu'est-ce qu'on y voit? Décrivez et racontez l'histoire à l'aide des dessins.
   b) Discutez la réalisation artistique:
      – À votre avis, est-elle réussie?
        Essayez de donner des raisons.
      – Quel est son rapport au texte?
3. a) Notez, chacun pour soi, toutes les questions qui se posent à vous et auxquelles vous n'avez pas encore de réponses.
   b) Ensuite, parlez-en en groupes de quatre.
   c) Après avoir terminé la lecture du roman, contrôlez si vous avez trouvé des réponses à toutes les questions notées.

2

À la base, ça devait être une fête, vu que[1] c'était le mariage de mon frère. Mais une fête, à Mortagne, on ne sait jamais bien ce que ça veut dire.

Mortagne, c'est le nom du patelin[2]. Mille deux cent quarante-neuf habitants. Du bois[3] et de la vigne[4].

Le bois et la vigne, c'est important, ici. Ce sont les deux seules ressources. Qui alimentent[5] les deux seules entreprises de la commune : le château Clément et la scierie Listrac.

C'est comme ça que se partage le patelin. D'un côté les gens de la vigne. De l'autre ceux du bois. Et, sans que personne ne sache pourquoi ni depuis quand, les uns et les autres ne peuvent pas se sentir. Pas seulement les propriétaires et leurs sous-fifres[6]. Tous les travailleurs aussi.

Bosser[7] pour M. Clément revient à haïr ceux qui bossent pour M. Listrac. Et inversement.

Ça pète[8] généralement pendant les fêtes, pour le 14 Juillet ou autre.

1 vu que *conj.*: da
2 le patelin: *fam.* un petit village
3 le bois: Holz, *hier* Holzwirtschaft
4 la vigne: Weinstock, *hier* Weinanbau
5 alimenter: nourrir
6 le sous-fifre: *fam.* le petit employé
7 bosser pour qn: *fam.* travailler pour qn
8 péter: *ici* exploser

Tout le monde boit et il y a toujours des coups qui se mettent à pleuvoir[1]. Des coups de poing[2], quelquefois des coups de fusil[3], le plus souvent des coups tordus[4].

Il y a eu la fois où les gars[5] de la vigne ont chié[6] sur la Mercedes de M. Listrac. Il y a eu la fois où les scieurs[7] ont déversé[8] des sacs de sciure[9] dans la piscine de M. Clément. Et il y a eu le dernier loto des chasseurs.

La chasse, ici, tout le monde pratique.

Il y a même un dicton[10] populaire que citent aussi bien les scieurs que les gars de la vigne : « Je suis né chasseur ! Je mourrai pas gibier[11] ! »

Alors le loto des chasseurs, à la fin de la saison, c'est quelque chose.

C'est les mille deux cent quarante-neuf habitants du patelin réunis au grand complet[12]. C'est la salle des fêtes bourrée à craquer[13]. C'est des quines[14] à n'en plus finir et des chevreuils[15] et des sangliers[16] à gagner par moitiés ou en entier.

Et de l'alcool partout. Pour réchauffer les gosiers[17] au plus froid de l'hiver.

1 pleuvoir des coups: *fig.* Schläge niederregnen
2 le coup de poing: Faustschlag
3 le coup de fusil: (Gewehr-) Schuss
4 le coup tordu *loc.*: krumme Sache
5 le gars: *fam. ici* l'homme
6 chier sur qc: *vulg.* auf etw. scheißen
7 le scieur: Sägewerker
8 déverser: auskippen
9 la sciure: Sägemehl
10 le dicton: Sprichwort
11 le gibier: Wildgeflügel
12 au grand complet *loc.*: in großer Besetzung
13 bourré/e *adj.* à craquer: zum Brechen voll (Raum)
14 la quine: Fünferreihe, *hier* tote Tiere
15 le chevreuil: Reh
16 le sanglier: Wildschwein
17 le gosier: Kehle

Il y a toujours quelques incidents[1], des petits accrochages[2], des insultes, du verre brisé, des ivrognes[3] en panique. Rien de bien grave.

Sauf que cette année, si les gendarmes n'étaient pas intervenus, le loto des chasseurs aurait fini en véritable bataille rangée[4].

Personne ne sait vraiment comment ça a démarré[5].

On raconte que la mère Julianni, une vieille de la vigne, aurait craché[6] dans tous les saladiers. Que le petit Sylvain, un fils de la scierie, a trouvé des glaviots[7] dans une crêpe. Que les gars de la vigne avaient apporté des sulfateuses[8] pour arroser les scieurs. Que ces derniers avaient usiné toute la semaine des matraques[9] en châtaignier[10].

En revanche, on sait comment ça a fini.

La sono[11] complètement émiettée[12]. Un départ d'incendie[13] dans la scierie Listrac. Une douzaine de barriques[14] perforées[15] à coups de fusil dans les chais[16] du château Clément. Des menaces avec armes en veux-tu en voilà[17].

1 l'incident *m.*: Zwischenfall
2 l'accrochage *m.*: la bagarre
3 l'ivrogne *m./f.*: qn qui boit régulièrement beaucoup d'alcool *m.*
4 en bataille rangée: *hier* in offener Schlacht
5 démarrer: commencer
6 cracher: spucken
7 le glaviot: Rotz, Spucke
8 la sulfateuse: Maschine zum Ausbringen von Kupferkalkbrühe auf Weinreben
9 la matraque: Schlagstock
10 le châtaignier: Kastanienbaum
11 la sono: *fam.* la chaîne hi-fi
12 émietté/e *adj.*: en miettes *f. pl.*, en morceaux *m. pl.*, cassé/e *adj.*
13 l'incendie *m.*: le feu
14 la barrique: Fass
15 perforé/e *adj.*: *hier* durchgelocht
16 le chai: le stock de vin
17 en veux-tu en voilà: *fam.* mehr als genug

Des tirs[1] trouant la nuit. Des giclées de plomb[2] fouettant[3] les murs et les volets. Les sirènes et les gyrophares[4] de la gendarmerie. Et des interpellations[5] aux quatre coins du patelin.

Mon frère a été arrêté cette fois-là.

Il faisait toujours partie des mauvais coups et tout le monde le savait.

Les deux mêmes noms revenaient en permanence quand on parlait de la bande des scieurs : Arnaud et Frédo. Arnaud Costalamone, mon frère. Frédo Lopez, le contremaître[6]. Deux têtes brûlées[7] que tous redoutaient[8].

Arnaud était accusé[9] d'avoir pénétré avec effraction[10] dans les chais du château et d'avoir utilisé une arme dans des circonstances sans rapport avec son permis de chasse.

Il avait fait tout ça. Il s'en est encore vanté[11] le jour de son mariage.

Il avait été vu. Il avait été reconnu. Mais il avait un alibi. « J'ai rien à voir avec tout ça, monsieur le gendarme, j'ai passé la nuit avec ma copine Sonia. » Sonia était la coiffeuse du patelin, mais son père et son oncle travaillaient à la scierie alors, quand on sait comment ça fonctionnait à Mortagne, elle ne pouvait que témoigner[12] en faveur[13] des scieurs.

1 le tir: Schuss
2 la giclée de plomb *m.*: Bleisalve
3 fouetter: peitschen
4 le gyrophare: Blaulicht
5 l'interpellation *f.*: vorübergehende Festnahme
6 le contremaître: Vorarbeiter
7 la tête brûlée: Draufgänger
8 redouter qn/qc: jdn/etw. fürchten
9 être accusé/e *adj.* de: angeklagt sein
10 avec effraction *f.*: mit Einbruch
11 se vanter de qc: mit etw. prahlen
12 témoigner: aussagen, zeugen → le témoin
13 en faveur de qn: *ici* pour qn

Il y a pourtant eu un problème. Parce que Frédo avait exposé le même argument que mon frère aux gendarmes : « J'ai passé la nuit avec Sonia ! »

Elle passait beaucoup de nuits avec les gars de la scierie, Sonia, mais quand même pas tous en même temps.

Et, devant les gendarmes, elle a choisi de ne confirmer que les propos de mon frère.

On raconte un tas de choses, comme quoi[1] Arnaud aurait passé un marché avec elle, mais personne n'a en réalité jamais compris, pas même lui, si ça se trouve, et encore moins Frédo.

Frédo qui a dû passer au tribunal. Frédo qui a été condamné à verser des dommages et intérêts[2]. Frédo qui traînait une vieille condamnation avec sursis[3] pour coups et blessures et qui a écopé[4] de quatre mois de prison ferme.

Il est sorti fin juin. À temps pour le mariage de mon frère. Mon frère se mariait avec Sonia.

Pour ceux qui ont appris comment ça fonctionnait à Mortagne, il semblait tout à fait naturel que Frédo soit invité à cette petite fête. D'autant plus que M. Listrac lui avait gardé sa place de contremaître à la scierie.

1 comme quoi *loc.*: wonach
2 verser des dommages *m. pl.* et intérêts *m. pl.*: Schadenersatz leisten
3 la condamnation avec sursis *m.*: Strafe auf Bewährung
4 écoper de qc: *fam.* aufgebrummt bekommen

Sujets d'étude

A. Pendant la lecture

Après avoir lu le texte jusqu'à la page dix, relevez toutes les informations portant sur le village de Mortagne.

B. Après la lecture

Au choix:

1. a) Préparez un bref discours de présentation du village imaginaire à l'aide de dix phrases-clés tirées du texte.
   Illustrez, si possible, votre discours de quelques images ou photos qui pourraient représenter votre idée de Mortagne.
   b) Illustrez l'ambiance au village à partir des mots suivants: le bois – la vigne – le château Clément – la scierie Listrac – la chasse – les fêtes – tout le monde – des incidents *(au choix, DIFF +)*
2. a) Comparez «la bande les scieurs» aux «gars de la vigne» (p. ex. dans un tableau). Commencez une fiche qui sera à compléter au cours de la suite de la lecture.

   Au choix:

   b) Caractérisez l'un des deux groupes dans un texte cohérent.
   c) Rédigez une comparaison sur la base du travail préparatoire de la question 2. a). Pour cela, utilisez du vocabulaire de comparaison. *(DIFF +)*

3. «La chasse, ici, tout le monde pratique.» (p. 11, l. 8)
   – Renseignez-vous sur la tradition et le rôle actuel de la chasse en France. Retenez quelques faits qui vous paraissent essentiels.
4. a) Expliquez avec vos propres mots le dicton populaire qui donne son titre au récit: «Je suis né chasseur. Je mourrai pas gibier!» (p. 11, l. 10–11)
   b) Quelles sont les implications de ce dicton? Analysez. *(au choix, DIFF +)*

3

Frédo était une petite teigne[1], tout en nerfs et en muscles, foutu comme un pitbull, avec un cou de buffle[2]. Tout le contraire de M. Listrac. M. Listrac était un pachyderme[3] lent et flasque[4] dont le gras[5] faisait des plis[6] jusque sur le dessus de son crâne[7].

Ils avaient besoin l'un de l'autre. Frédo pour gagner sa croûte[8]. M. Listrac pour faire tenir à carreau[9] tous ses employés.

Frédo tenait à ce qu'on l'appelle Frédo. M. Listrac l'appelait Frédo. Mon frère l'appelait Frédo. Sonia l'appelait Frédo. Tout le monde l'appelait Frédo.

Mais, étrangement, quand Frédo parlait de lui-même, il utilisait son nom de famille : Lopez. Peut-être pour faire des rimes plus riches. « Lopez est chaud comme la braise[10] ! » il clamait. « Lopez est un balèze[11] ! » « Lopez aime pas qu'on le baise[12] ! » Sonia aurait dû retenir la dernière.

Il avait la haine à sa sortie de prison.

1 la teigne: *fam. fig.* Giftschlange
2 le cou de buffle *m.*: *fig.* Büffelnacken
3 le pachyderme: Dickhäuter
4 flasque *m./f. adj.*: schlaff
5 le gras: Fett
6 le pli: Falte
7 le crâne: Schädel
8 gagner sa croûte: *fam.* seine Brötchen verdienen
9 tenir qn à carreau: *fam.* jdn unter Kontrolle halten
10 la braise: Glut
11 le balèze: *hier* echter Kerl
12 baiser qn: *vulg. hier* jdn betrügen

Ils lui avaient retiré[1] son permis de chasse. Ils lui avaient confisqué son fusil. Ils lui avaient collé[2] une interdiction de porter une arme de n'importe quelle nature.

Lui qui ne pouvait pas s'empêcher de canarder[3] les grives[4], les lièvres[5], les faisans et tout le tremblement[6]. Heureusement que la saison était finie quand il est revenu à Mortagne. Sinon il aurait jamais pu tenir.

Il aurait bien aimé se fritter[7] avec les gars de la vigne, casser quelques tronches[8] histoire de fêter dignement sa remise en liberté[9], mais il ne pouvait pas faire ça, vu que la moindre plainte[10] risquait dorénavant[11] de lui coûter encore plus cher.

Alors il est allé plaider sa cause[12] chez le pharmacien.

Mortagne se partage en deux et, comme chacun sait, les uns et les autres ne se supportent[13] pas et inversement.

Il y a pourtant une exception.

Il existe ici un type qui supporte la population du patelin dans sa totalité. Qui la supporte et qui l'aime. Et qui s'en réjouit[14].

1 retirer: *hier* einziehen
2 coller qc à qn: *fam.* jdm etw. auferlegen
3 canarder: abschießen
4 la grive: Drossel
5 le lièvre: Hase
6 tout le tremblement: *hier* der ganze Kram
7 se fritter avec qn: *fam.* se battre avec qn
8 la tronche: *fam.* le visage
9 la remise en liberté: Freilassung
10 la moindre plainte: geringste Klage
11 dorénavant *adv.*: à partir de maintenant
12 plaider sa cause: *hier* seine Sache, seinen Fall vortragen
13 supporter qn: jdn ertragen
14 s'en réjouir: être content/e de qc/qn

Le seul à s'entendre ainsi comme cul et chemise[1] avec tout le monde, aussi bien avec les scieurs qu'avec les autres, c'est le pharmacien.

Le pharmacien ne fait pas que déchiffrer des ordonnances et vendre des médicaments. Il doit en même temps gérer les affaires municipales[2]. Vu que c'est aussi le maire de notre patelin.

C'est un malin[3]. Ou un crétin[4].

Toutefois[5] moins crétin que Frédo qui venait lui demander l'autorisation de pouvoir taper sur quelqu'un. Comme si un maire prenait ce genre de décision. Ça aurait sûrement fait un client pour le pharmacien. Mais le maire ne pensait pas à ça. Le maire devait préparer son discours pour le mariage de Sonia et Arnaud.

C'est comme ça que Frédo a appris la nouvelle.

Et quand il a repris son boulot de contremaître à la scierie, il a serré la main de tous ses collègues, sauf celle de mon frère.

La haine ne divisait ordinairement pas les scieurs, au contraire, elle leur servait de ciment[6] car elle ne visait que les vignerons.

Jamais, aussi loin que puissent remonter les souvenirs des générations précédentes, un scieur n'avait refusé de serrer la main d'un collègue.

C'était la première fois qu'une chose pareille arrivait.

1 comme cul et chemise *loc.*: wie ein Herz und eine Seele
2 gérer les affaires municipales: die Geschäfte der Dorfgemeinde lenken, führen
3 le malin: Schlaumeier, schlauer Bursche
4 le crétin: Blödmann, Dummkopf
5 toutefois *adv.*: gleichwohl, immerhin
6 le ciment: Zement

M. Listrac a aussitôt tenté de désamorcer[1] la tension[2]. Il a invité Frédo chez lui. Il lui a prêté son propre fusil. Il lui a permis de dégommer des cibles en carton à l'abri des regards au fond de son jardin.

Mais Frédo écumait[3] encore de rage.

Il racontait partout que mon frère allait se marier avec son alibi. Que Sonia avait dû coucher avec toute la brigade de gendarmerie pour le blanchir[4]. Et que même les gars de la vigne lui passaient dessus[5].

Arnaud a cependant trouvé un moyen de le calmer.

Il a un soir sonné à sa porte. Lui a offert un pack de bières. Et l'a accompagné devant chez Terence.

Terence est le pleu-pleu[6] du patelin. Il a la tronche en biais[7] et de grandes dents. Il a constamment le même sourire accroché aux lèvres. Sauf que, à force[8], on dirait une grimace. D'autant plus qu'il bave[9] à n'en plus finir.

Il ignore[10] son âge. Il ne sait ni travailler ni chasser. Et il ne possède que deux mots dans son vocabulaire : « Pauvre vache ! »

Les gens de Mortagne, aussi bien les scieurs que les autres, avaient pris la sale[11] habitude de lui cracher dans le dos quand ils le croisaient.

En lui balançant toujours la même réplique :

– Tu baves et tu dis qu'il pleut !

1 désamorcer: entschärfen
2 la tension: Spannung
3 écumer (de rage): schäumen (vor Wut)
4 blanchir qn: jdn reinwaschen, von einem Verdacht befreien
5 passer sur une fille: coucher avec une fille
6 le pleu-pleu: *fam.* Dorftrottel, Verrückter
7 en biais *loc.*: schief, schräg
8 à force: *ici* mit der Zeit
9 baver: sabbern
10 ignorer qc: ne pas connaître/savoir qc
11 sale *m./f. adj.*: *ici* mauvais/e *adj.*

Même le pharmacien faisait ça.

Terence ne ripostait[1] pas.

Terence souriait.

Avant, il passait ses journées à marcher à travers la campagne, aussi bien sous la pluie que sous le soleil, sans autre but que de mettre un pied devant l'autre, répétant inlassablement[2] : « Pauvre vache ! ».

Avant.

Avant que mon frère ne dépose Frédo devant chez lui.

Avant que mon frère ne propose tout simplement à Frédo :

– Si tu as besoin de cogner[3] sur quelqu'un pour te défriser[4] les nerfs sans prendre de risque… en voilà un qui ne se plaindra pas !

1 riposter: répondre
2 inlassablement *adv.*: sans arrêt, sans se fatiguer
3 cogner sur qn: frapper qn
4 se défriser les nerfs: *fam.* se détendre, relaxer

Sujets d'étude

A. Pendant la lecture

1. Relevez toutes les informations à propos du pharmacien.
2. Expliquez la phrase: «La haine ne divisait ordinairement pas les scieurs, au contraire, elle leur servait de ciment car elle ne visait que les vignerons.» (p. 19, l. 19).
   Comment la haine peut-elle servir de ciment à un groupe?

B. Après la lecture

1. Rédigez un portrait du pharmacien à partir des informations relevées dans le texte (cf. p. 19).
2. Quelles sont les relations entre les habitants de Mortagne telles que les présente le troisième chapitre? Représentez-les soit sous forme de tableau figé (Standbild), soit sous celle d'un sociogramme (Soziogramm).
3. À propos du tableau figé / du sociogramme: attribuez à chaque personnage une phrase qui exprime sa position dans l'ensemble.
   Pour le pharmacien cela pourrait être p. ex. une citation: «Moi, je m'entends bien avec tout le monde. Plus les autres se disputent, plus j'en profite.»
4. Donnez d'autres exemples issus de votre propre expérience en développant de petites scènes où la haine sert de «ciment», comme c'est le cas au village de Mortagne. *(au choix, DIFF +)*
5. Commentez le comportement des villageois envers Terence.

4

Moi, je ne rentrais que le week-end. C'était déjà trop, mais je pouvais pas faire autrement, vu que l'internat fermait ses portes du vendredi soir au lundi matin.

J'étais en CAP méca[1] au lycée professionnel Albert-Camus.

La méca au lycée Camus, c'est pas une orientation ordinaire[2] pour un gars de Mortagne comme moi.

Normalement, tous les garçons du patelin vont au lycée professionnel Marcel-Pagnol, là où sont assurées à la fois les formations aux métiers du bois et aux métiers de la vigne.

Quand j'étais sorti du collège, après la classe de cinquième, mon père m'avait évidemment inscrit à Pagnol. Et j'avais trouvé ça chouette[3]. Le lycée était à huit bornes[4] et je faisais chaque jour l'aller-retour en mobylette.

Un truc est pourtant venu tout foutre en l'air[5].

Je connaissais la scierie. Forcément[6]. Mon frère y bossait déjà. Et mon père y bossait encore. C'était avant qu'il ne tombe malade. Avant qu'il ne tousse[7]. Avant qu'il ne de-

1 le CAP méca: le Certificat d'Aptitude Professionnelle en mécanique, l'examen de fin d'apprentissage
2 ordinaire *m./f. adj.*: normal/e, habituel/le *adj.*
3 chouette *m./f. adj.*: super
4 la borne: le kilomètre
5 foutre en l'air : *fam. hier* etw. versauen
6 forcément *adv.*: *hier* na klar, zwangsläufig
7 tousser: husten

vienne aussi pâle[1] et aussi maigre que les planches[2] qu'il avait découpées toute sa vie.

Je savais que ce serait là que je bosserais bientôt. Comme eux et comme les autres. Ça ne me posait aucun problème.

Sauf que j'avais profité de mon premier stage[3], celui de deux semaines, pour aller voir ailleurs. Pas pour fuir[4] la scierie. Non. Simplement par curiosité.

Rien que ça, à la base, ça avait fait prendre la mouche[5] à tous les scieurs.

– Elle te plaît pas la scierie ? m'avait demandé mon père.

– On pue[6] ou quoi ? avait vociféré[7] mon frère.

Mais, en plus, mon stage, je l'avais fait chez un luthier[8].

Et ça, personne n'a compris.

À la scierie, ils recevaient de gigantesques arbres ébranchés[9] qu'ils morcelaient en rondins[10] qu'ils débitaient[11] ensuite en planches rectangulaires. Alors arrondir des angles[12], découper suivant des courbes[13], transformer une petite plaque de bois en violon, les scieurs pouvaient pas comprendre.

Ma mère avait trouvé que c'était une bonne idée mais mon père l'avait vite remise à sa place.

1 pâle *m./f. adj.*: bleich
2 la planche: (Holz-)Planke
3 le stage: Praktikum
4 fuir qn/qc: jdn/etw. fliehen
5 prendre la mouche: *fam.* eingeschnappt sein
6 puer: stinken
7 vociférer: hurler
8 le luthier: Geigenbauer
9 ébrancher: enlever les branches à un arbre
10 morceler qc en rondins *m. pl.*: etw. in Rundstämme schneiden
11 débiter qc: etw. zerschneiden
12 l'angle *m.*: Winkel, Ecke
13 la courbe: Kurve

– Autant pisser dans un violon[1] ! se moquait mon frère.

Même ma sœur ricanait.

Ma sœur était apprentie chez Sonia, à ce moment-là, elle commençait à faire les shampoings et elle n'a depuis jamais cessé de faire des shampoings.

Frédo lui tripotait[2] déjà les seins[3]. Frédo était déjà contremaître à la scierie. Frédo avait déjà cogné un tas de gars de la vigne en compagnie de mon frère.

Le week-end entre mes deux semaines de stage, Frédo s'était invité à l'apéro chez mes parents et, devant moi, leur avait posé cette question :

– Votre petit dernier serait pas pédé[4] ?

– Pourquoi ? s'était indigné[5] mon père.

Frédo avait répondu en haussant les épaules :

– J'ai toujours entendu dire que luthier était un métier de pédé…

J'ai tout laissé tomber. Le stage. Les violons. Mais pas uniquement. J'ai aussi laissé tomber le lycée Pagnol. Et le bois.

Je me suis inscrit en mécanique au lycée Camus.

Histoire de faire chier tout le monde sans faire dans la dentelle[6].

Le lycée Camus était à quarante-sept kilomètres. Assez loin. Mais pas encore suffisamment. Je passais la semaine à l'internat mais je devais rentrer tous les week-ends.

Je prenais le bus. Il y avait un arrêt sur la route départementale. À huit cents mètres de Mortagne.

1 pisser dans un violon: *fam. fig.* Hopfen und Malz verlieren
2 tripoter: *fam. hier* herumfummeln
3 les seins *m. pl.*: Brüste
4 être pédé: *fam.* être homosexuel/le
5 s'indigner: sich entrüsten
6 sans faire dans la dentelle *loc.*: ohne zimperlich / ein Weichei zu sein

Et le vendredi soir, vers vingt heures, quand le bus me déposait, je croisais toujours Terence.

Je ne lui crachais pas dessus. Mais vu que c'était un pleu-pleu qui arrêtait pas de sillonner[1] la campagne sans but, au début, je faisais pas vraiment gaffe[2] à lui en revenant du lycée.

Il avait son sourire de pleu-pleu alors je devais me contenter de lui sourire aussi comme un con[3] et rien de plus.

Tous les vendredis soir, cependant, il venait à ma rencontre et on faisait le chemin ensemble jusqu'au patelin.

Huit cents mètres pendant lesquels on a fini par faire connaissance.

Presque sans rien dire.

Mais à force. À force de[4] marcher côte à côte le long du même chemin. À force de tendre les oreilles vers les mêmes oiseaux. À force de regarder les mêmes arbres et de shooter dans les mêmes pierres.

Il lâchait[5] quelquefois « Pauvre vache ! », sans prévenir[6], en hurlant ou en marmonnant[7] de façon presque inaudible[8].

Huit cents mètres comme ça avec lui, chaque semaine, depuis plus d'un an.

Sauf que, huit jours avant le mariage de mon frère, Terence est pas venu à ma rencontre.

1 sillonner: *hier* herumlaufen
2 faire gaffe à qn/qc: *fam.* auf jdn/etw. aufpassen
3 le con: *hier* Doofmann, Idiot
4 à force de ...: durch viel ...
5 lâcher: *ici* dire
6 prévenir: warnen, *hier* ohne Ansage
7 marmonner qc: etw. murmeln
8 inaudible *m./f. adj.*: qu'on n'entend pas

Sujets d'étude

A. *Pendant la lecture*

Pourquoi Martial voudrait-il «faire chier tout le monde sans faire dans la dentelle» en s'inscrivant en mécanique, comme il le dit à la page 25? Expliquez.

B. *Après la lecture*

1. Résumez le chapitre. *(au choix, DIFF+)*
2. a) Dressez le portrait de Martial à partir des informations données dans les chapitres un à quatre.
   b) Précisez son rôle dans le village.
3. a) Quelle est la relation entre Martial et Terence? Analysez.
   b) Décrivez le développement de leur relation.
   c) Selon vous, qu'est-ce qui lie Martial et Terence? Expliquez en cherchant des indices dans le texte. (cf. p. 26 ss.)

5

Terence était pas non plus sur le chemin qui menait au patelin.

Ça me semblait pas normal, mais je ne me suis pas vraiment inquiété[1], vu qu'il faut pas attendre quelque chose de normal de la part d'un pleu-pleu.

J'ai fait le chemin tout seul. Sans faire gaffe aux oiseaux. Sans poser les yeux sur les arbres. Sans shooter dans les pierres. J'ai trouvé le chemin long et pénible.

Je suis rentré à la maison avec autant de joie que dans un hôpital.

La maison n'abritait[2] plus que mon grand-père et mes parents. Mon frère avait quitté les lieux dès qu'il avait pu. Au moment de son embauche[3] à la scierie, si je me souviens bien. Il s'était installé dans une baraque tout près de la pharmacie. Puis ma sœur était partie dès que papa était tombé malade. Elle occupait un petit appartement juste au-dessus du salon de coiffure.

Mon père se fait dévorer[4] par le cancer[5] des scieurs. Le cancer des scieurs ou le cancer des ébénistes[6].

La sciure est une poussière dont les plus fines particules restent en suspension[7] dans l'air que tous les travailleurs du

1 inquiété/e *adj.*: beunruhigt
2 abriter qn: jdn beherbergen
3 l'embauche *f.*: l'emploi *m.*
4 dévorer: auffressen
5 le cancer: Krebs
6 l'ébéniste *m.*: Möbeltischler
7 rester en suspension *f.*: *hier* in der Luft hängen bleiben

bois respirent. Elles tapissent[1] et étouffent leurs poumons encore plus sûrement que la nicotine. Les gars se mettent à tousser et à cracher du sang et il est déjà trop tard. Ils maigrissent pendant que les tumeurs prolifèrent[2]. Il ne leur reste que quelques mois.

À Mortagne, trois scieurs sur dix finissent comme ça.

« Je n'y peux rien… déplorait M. Listrac. Ce sont les statistiques ! »

M. Listrac qui avait pris soin de faire installer son bureau dans un local en plein centre du patelin. Loin de la scierie. Et sa maison encore plus loin.

Cette saleté[3] de cancer n'avait encore jamais touché personne dans notre famille. Mon père est le premier. Et comme ça lui est tombé dessus l'année dernière, lors de ma rentrée en méca au lycée Camus, tout le monde a mis ça sur mon dos.

– Tu lui as fait tellement de peine[4] ! accusait ma sœur.

– Tu crois que voir un mécano dans la famille lui a fait plaisir ? vociférait mon frère.

– Il ne peut pas supporter cette idée… convenait[5] ma mère.

Il est rapidement devenu incapable de travailler, alors M. Listrac a dû se passer de lui.

Puis tout s'est dégradé[6].

Mon père n'arrivait plus à respirer sans souffrir. Mon père ne parvenait plus à faire le jardin. Mon père ne pouvait même plus tenir son fusil.

Mon grand-père était plus en forme que lui.

1 tapisser: auskleiden
2 proliférer: wuchern, sich rasch vermehren
3 la saleté: *hier* Sauerei
4 faire de la peine à qn: jdm Schmerz bereiten
5 convenir: zugeben
6 se dégrader: sich verschlechtern

Mon grand-père avait perdu sa main gauche à la scierie dans les années 1950 mais il y avait bossé jusqu'à sa retraite et il était encore vaillant[1].

Il vivait avec nous et, malgré sa main en moins, il aidait beaucoup ma mère à la maison.

C'est un vieux dur.

Je l'ai pourtant vu verser des larmes la fois où, après avoir ramassé mon père qui s'était écroulé dans les toilettes, il nous a annoncé avec certitude :

– Il ne va pas voir la fin de l'été.

Alors mon frère a programmé son mariage en juin pour que notre père puisse au moins voir ça.

Je ne suivais la préparation des noces[2] que de loin.

J'avais entendu dire que ça risquait de tourner mal. À cause de Frédo. J'avais entendu dire qu'il était sorti de taule[3] avec la haine. Qu'il ne s'entendait plus avec Arnaud. Qu'il insultait[4] et menaçait[5] Sonia.

Mais ce soir-là, ce fameux vendredi, huit jours avant le mariage, alors que je venais de faire le chemin sans Terence, j'ai découvert en rentrant à la maison toute la famille réunie autour de la table du jardin avec Frédo. Riant. Parlant fort. Se tapant dans le dos[6].

Trinquant[7] à tours de bras. Frédo visiblement et indéniablement[8] réconcilié[9] avec Arnaud et Sonia.

– Les voilà de nouveau comme cochons ! a fait remarquer mon grand-père.

1 vaillant/e *adj.*: être en forme *f.*
2 la noce / les noces: le mariage
3 la taule: *fam.* la prison
4 insulter qn: jdn beleidigen
5 menacer qn: jdn bedrohen
6 se taper dans le dos: sich auf den Rücken klopfen
7 trinquer: anstoßen (mit einem Glas)
8 indéniablement *adv.*: offensichtlich, unabweisbar
9 réconcilié/e *adj.* avec qn: mit jdm versöhnt sein

– Je croyais Frédo plus rancunier[1] que ça… j'ai seulement dit.

– Ton frère a su le calmer ! a vanté[2] ma mère.

– Comment ? je me suis soucié[3].

– Il l'a emmené se défouler[4] hier chez Terence ! a expliqué ma sœur.

Je n'ai pas immédiatement saisi ce que « se défouler chez Terence » signifiait exactement.

Quelques images m'ont traversé l'esprit.

J'ai imaginé Frédo tapant dans un sac de sable. Mais il y avait pas de sac de sable chez Terence. J'ai imaginé Frédo saccageant[5] la maison de Terence. Mais Frédo préférait frapper quelqu'un. Une image plus brutale a bondi[6] sous mon crâne. Mais ça ne collait pas. Frédo se mesurait plutôt à des costauds[7] et à des teignes dans son genre. Il ne se serait jamais attaqué à une mauviette[8]. Encore moins à un pleu-pleu.

– Ça veut dire quoi ? j'ai fini par demander.

– Le pleu-pleu est pas né chasseur ! a simplement répondu Frédo en riant.

Autrement dit : « Le pleu-pleu mourra gibier ! »

Des images de plus en plus brutales se sont mises à défiler dans ma tête pendant que je me précipitais[9] chez Terence.

1 rancunier/-ière *adj.*: nachtragend
2 vanter qc.: etw. loben, preisen
3 se soucier: se faire des soucis
4 se défouler: sich abreagieren
5 saccager qc: etw. verwüsten
6 bondir: (hoch) springen, *hier fig.* auftauchen
7 le costaud: Kraftprotz
8 la mauviette: Schwächling
9 se précipiter chez qn: se dépêcher d'aller quelque part

Sujets d'étude

A. Après la lecture

1. Présentez la situation des différents membres de la famille de Martial. *(au choix, DIFF+)*
2. a) Caractérisez comment la relation entre Arnaud et Frédo se présente jusque-là. Référez-vous surtout aux chapitres deux à cinq.
   b) Expliquez comment Arnaud a réussi à se réconcilier avec Frédo.

6

La maison de Terence est perdue de l'autre côté du cimetière.

Les gamins s'amusent parfois à rôder[1] autour pour se faire peur. Quand j'étais petit, on racontait que Terence arrachait[2] avec les dents des morceaux de chair[3] aux enfants qui ne dormaient pas la nuit. On jetait des pierres dans ses volets[4] toujours fermés mais, dès que le soleil se couchait, on filait[5] ventre à terre.

C'était la première fois que je m'y rendais alors que la nuit était déjà tombée.

Je n'avais plus peur. J'étais plus âgé. J'étais plus fort. Et, surtout, je connaissais mieux Terence.

De la lumière filtrait à travers ses volets.

– Terence ! j'ai appelé dans le silence.

Pas de réponse. Pas même un bruit.

J'ai frappé à sa porte en répétant :

– Terence !

Rien.

J'ai fait tourner le loquet[6] et j'ai poussé la porte.

1 rôder: sich herumtreiben
2 arracher: herausreißen
3 la chair: Fleisch
4 le volet: Fensterladen
5 filer: verschwinden
6 le loquet: Riegel

Le battant[1] a heurté[2] une bouteille de bière vide qui traînait derrière.

La bouteille a roulé en tintant[3] bruyamment mais j'ai ouvert la porte en grand et je suis entré.

Je n'avais encore jamais mis les pieds à l'intérieur de sa baraque, alors, quand j'ai vu l'état de la première pièce, j'ai failli[4] croire que je n'étais pas au bon endroit.

À part cette bouteille de bière abandonnée, rien ne dépassait, tout était impeccable[5]. Le sol nickel[6]. Les meubles parfaitement cirés[7]. La vaisselle aussi rutilante[8] que l'évier[9]. Ça sentait le propre. Ça brillait de partout. Ça ressemblait à une cuisine de publicité[10].

Pour une fée du logis. Pas pour un pleu-pleu.

– Terence ! j'ai encore appelé.

Un cri très faible, plus loin, des gémissements[11], à l'autre bout de la maison, une plainte[12].

Je me suis glissé dans la pièce adjacente[13], un autre monde, un désordre au milieu duquel gisaient[14] une table renversée[15], une chaise brisée[16], des bouteilles de bière, des

1 le battant: Türflügel
2 heurter: anstoßen
3 tinter: klirren
4 faillir faire qc: etw. beinahe tun
5 impeccable *m./f. adj.*: tadellos
6 nickel: *fam.* blitzblank
7 ciré/e *adj.*: poliert
8 rutilant/e *adj.*: funkelnd
9 l'évier *m.*: Spüle
10 la publicité: Werbung
11 le gémissement: Stöhnen
12 la plainte: Klage
13 adjacent/e *adj.*: angrenzend
14 gésir *litt.*: (da) liegen
15 renversé/e *adj.*: umgestürzt
16 brisé/e *adj.*: kaputt, zerbrochen

morceaux de verre, des couverts éparpillés[1] et un dessous-de-plat[2] en métal taché de sang.

Des traces de sang par terre. Vers un couloir. De longues traînées sur les tomettes[3].

Un nouveau vagissement[4]. Une porte sur la droite. Un râle[5] interminable. La salle de bains. Terence étendu sur le carrelage. Torse nu[6]. Des hématomes plus gros que mes poings sur le ventre. Le plexus violet. Le visage sous une serviette éponge[7] imbibée[8] de sang.

– Terence ! je lui ai dit.

Le sang qui était sorti de ses arcades sourcilières[9] et de son arête nasale[10] avait séché en formant des croûtes[11] épaisses contre lesquelles s'était scellée[12] la serviette.

Il haletait[13].

J'ai tenté de retirer la serviette de son visage avec précaution[14] mais certaines de ses croûtes ont dû se fendre[15] car des plaies[16] se sont rouvertes et du sang rouge vif s'est mis à couler en recouvrant le sang sombre et coagulé[17] qui lui maculait[18] les traits.

1 éparpillé/e *adj.*: verstreut
2 le dessous-de-plat: Topfuntersetzer
3 la tomette: Fliese (aus braunem Ton)
4 le vagissement: Wimmern
5 le râle: Röcheln
6 le torse nu: der nackte Oberkörper
7 la serviette éponge: Frotteehandtuch
8 imbibé/e *adj.* de: getränkt von
9 l'arcade *f.* sourcilière: Augenbrauenbogen
10 l'arête *f.* nasale: Nasenrücken
11 la croûte: Kruste
12 sceller: versiegeln, kleben
13 haleter: keuchen, nach Luft schnappen
14 la précaution: Vorsicht
15 se fendre: aufreißen
16 la plaie: Wunde
17 coaguler: gerinnen
18 maculer: *hier* verschmieren

Des bulles de sang gonflaient[1] et éclataient au sommet de son nez. Son menton était tailladé[2]. Une de ses dents avait sauté[3].

Mais il souriait. De son sourire imperturbable[4]. Son sourire incompréhensible. Et incompressible[5].

– Terence !

Il a toussé.

Puis a ânonné[6] :

– Mauvre 'ache !

– Qui t'a fait ça ? j'ai gueulé[7].

– Mauvre 'ache ! il a répété.

Je savais très bien qui lui avait fait ça.

J'ai cherché un téléphone pour prévenir les urgences. Un téléphone pour avertir[8] la gendarmerie. Un téléphone pour entendre quelque chose.

Sauf que Terence est un pleu-pleu qui sait pas dire autre chose que « Pauvre vache ! » alors Terence a pas de téléphone.

Et quand j'ai voulu retourner vers le patelin pour alerter tout le monde ou quoi, il a poussé une espèce de cri ahurissant[9] et sa tête a tressauté[10] sur le carrelage et tous ses membres se sont mis à frapper frénétiquement le sol de la salle de bains, alors je me suis agenouillé[11] tout contre

1 gonfler: anschwellen
2 taillader: zerschneiden
3 sauter: *hier* herausbrechen
4 imperturbable *m./f. adj.*: unerschütterlich
5 incompressible *m./f. adj.*: nicht unterdrückbar
6 ânonner: stockend hervorbringen
7 gueuler: brüllen
8 avertir: *hier* rufen
9 ahurissant/e *adj.*: furchterregend
10 tressauter: *hier* zucken
11 s'agenouiller: sich hinknien

lui et j'ai dû le prendre à bras-le-corps[1] pour l'empêcher de se faire davantage de mal.

Sa respiration faisait presque autant de bruit qu'une scie mécanique.

J'ai ouvert le jet de la douche et j'ai plongé une serviette propre sous l'eau fraîche et j'ai passé cette compresse sur son visage et sur son ventre et il a enfin cessé de balancer ses bras et ses jambes contre le lavabo et la cuvette du bidet.

Le rythme de sa respiration a ralenti.

J'ai tâtonné[2] au-dessus de ma tête et j'ai pris son verre à dents que j'ai rempli d'eau et que j'ai fait chavirer[3] entre ses lèvres pour le faire boire.

Et je suis resté là.

Sans le lâcher.

Sujets d'étude

A. Pendant la lecture

1. Quelle est la réaction de Martial face à la terreur qu'a dû subir Terence? Qu'est-ce qu'il veut faire, qu'est-ce qu'il fait? Décrivez.
2. Analysez sa réaction.

1 prendre qn à bras le corps *loc.*: jdn in die Arme schließen
2 tâtonner: tasten
3 chavirer: *hier* balancieren

7

Je suis resté avec Terence tout ce week-end.

À le panser[1]. À le faire manger. À le soutenir de son lit à ses toilettes.

Et à réfléchir. À propos des mauvais coups qu'il avait reçus. À propos de Frédo et de son séjour en taule. À propos de mon frère et de son mariage et de la scierie. À propos de ce patelin et de son pharmacien. À propos de mon orientation vers la mécanique. Et des trucs à n'en plus finir. Le bois. La vigne. Le vin. La sciure. La piscine du château Clément. Les poumons de mon père. La Mercedes de M. Listrac. Les jantes[2] chromées. L'intérieur cuir. Les soupapes[3]. L'huile de vidange[4]. La misère.

Enfin, je réfléchissais pas, mais je tournais et retournais tout ça.

Je ne faisais que ruminer[5].

« On n'a pas les moyens de réfléchir ! » disait Mongin.

« On a bien un cerveau… » je lui avais répliqué.

« Oui… Mais rien à mettre dedans ! avait ricané Mongin. Surtout à Mortagne… À part du raisin, des planches, de la sueur et du plomb ! »

Mongin est un de mes camarades du lycée Camus.

Il habitait Mortagne, avant.

1 panser: verbinden
2 la jante: Felge
3 la soupape: Ventil
4 l'huile *f.* de vidange *f.*: Motoröl
5 ruminer: über etw. brüten, nachdenken

Avant la mort de son père.

Un soir, pendant les fêtes de fin d'année, le père de Mongin était tombé dans le lavoir[1] en rentrant chez lui. Il paraît que seuls ses pieds sortaient de la glace quand on l'a retrouvé le lendemain matin.

On était en CE2 quand c'est arrivé.

À l'école primaire de Mortagne, forcément, il y a les enfants de la vigne et les enfants du bois qui partagent les mêmes classes et la même cour.

Mongin était dans la bande des vignerons, vu que son père trimait[2] au château Clément, mais on s'entendait plutôt bien. Il était pas du genre à la ramener[3] pour un rien.

Seulement, après le drame, sa mère a quitté le patelin avec lui.

Je l'ai retrouvé en internat à Camus. Quatre ans plus tard. Il a rigolé en se souvenant des pieds de son père qui émergeaient[4] du lavoir gelé. Mais il évite de parler de ça. Il vomit[5] Mortagne et « toute sa population de bourrins[6] », comme il dit.

Mongin a de grandes théories sur pas mal de trucs.

« On n'a pas les armes qu'il faut pour changer les choses ! » il répète souvent.

Je ruminais tout ça.

– Mauvre 'ache ! me jetait Terence de temps en temps.

J'aurais certainement dû contacter les flics. Mais je ne l'ai pas fait. Je voulais pas balancer Frédo. J'aurais mieux fait. Mais je pouvais tout simplement pas faire ça.

1 le lavoir: Waschhaus
2 trimer: *fam.* schuften
3 la ramener: *fam.* être prétentieux/-euse *adj.*
4 émerger: auftauchen
5 vomir: brechen, sich übergeben
6 le bourrin: Gaul, Klepper, *hier* trostlose Gestalt

Malgré le mépris[1] soulevé par tous les coups qu'il avait portés sur Terence. Malgré la brutalité avec laquelle il avait frappé. Malgré tout.

Mais une chose était aussi sûre : je devais à tout prix éviter de le croiser. Pour éviter de le dénoncer. Ou pour éviter de me jeter sur lui. Parce que déjà, sous la vague du mépris, émergeait la haine.

J'ai passé le week-end à m'occuper de Terence sans donner signe de vie. À appliquer du mercurochrome[2] autour de ses plaies. À passer de la pommade sur ses bleus. À le remettre doucement debout. J'ai fait ses courses. J'ai remis sa salle à manger en ordre. J'ai désherbé[3] son jardin.

Je ne voyais pas quoi faire de plus.

– Sans déconner… a soufflé Mongin quand je lui ai raconté ça le lundi matin.

– Quoi ?

Il a secoué la tête avant de me sortir une nouvelle théorie :

– Tu as veillé sur le pleu-pleu pour avoir la conscience tranquille !

Je ne voyais pas les choses comme ça.

– Qu'est-ce que tu aurais fait si tu avais été à ma place ? je lui ai demandé.

– Je ne suis pas à ta place ! il a tranché[4].

– Tu parles d'une réponse…

– Tu sais déjà ce que je pense de Mortagne.

Mongin était content d'avoir quitté le patelin à la mort de son père. « Ça serait bien que tu en fasses autant ! » il

1 le mépris: Verachtung
2 le mercurochrome: Jodtinktur, Desinfektionsmittel zur Wundbehandlung
3 désherber: Unkraut jäten
4 trancher: entschieden oder scharf entgegnen

m'avait conseillé quand je lui avais appris que le mien en avait plus pour longtemps.

Dans la semaine, pourtant, il a fini par me répondre.

À l'atelier, au cours d'un exercice pratique, en installant une bougie sur un moteur qui ne tournait plus que sur trois cylindres.

– À propos du pleu-pleu... il m'a fait alors qu'on avait les mains dans le cambouis[1].

– Ouais.

– Il pouvait marcher quand tu l'as laissé le week-end dernier ?

– Ouais.

– Tu m'as demandé l'autre jour ce que je ferais à ta place ?

– Ouais.

– Ton frère se marie samedi ?

– Ouais.

– Le pleu-pleu est invité ?

– Évidemment que non !

– Eh bien, si j'étais à ta place, je l'inviterais au mariage... a dit Mongin.

1 le cambouis: Schmieröl

Sujets d'étude

A. Pendant la lecture

En soignant Terence pendant le week-end, Martial réfléchit aux événements passés (p. 38–39). Mettez-vous à sa place et rédigez un monologue intérieur.

B. Après la lecture

1. Avec Mongin, un camarade de lycée de Martial, vous avez l'exemple de quelqu'un qui a quitté le village de Mortagne. Dressez le portrait de Mongin en essayant d'éclaircir les raisons de son départ.
2. Martial se rend compte qu'il devrait contacter la police, mais il ne le fait pas: «Malgré tout.» (p. 40, l. 3). Pourquoi? Analysez.
3. Mongin reproche à Martial de veiller seulement sur Terence pour se rassurer. Martial lui demande: «Qu'est-ce que tu aurais fait si tu avais été à ma place?» (p. 40, l. 22).
   a) À votre avis, Martial veut-il s'acquitter de sa responsabilité?
   b) Quelle réponse donneriez-vous à la question de Martial?

8

Je suis rentré à Mortagne le vendredi suivant avec l'intention de me pointer[1] en compagnie de Terence le lendemain au mariage de mon frère.

Ça changerait peut-être les choses.

Dans le patelin, les mariages étaient toujours célébrés entre personnes du même clan. Les scieurs épousaient généralement les sœurs de leurs collègues. Les gars de la vigne épousaient généralement les domestiques[2] du château. Et, bizarrement, les uns respectaient toujours les noces des autres. Même autrefois, pendant les conflits les plus sauvages, une trêve[3] de plusieurs jours était observée à l'occasion des mariages.

Le seul à être invité aussi bien d'un côté que de l'autre était le pharmacien, vu que c'est aussi le maire, il prononçait même un discours.

Et le seul à ne jamais être invité était Terence.

Je trouvais donc l'idée de Mongin plutôt bonne. Même si ça risquait de foutre les uns et les autres en rogne[4].

Mais à l'arrêt de bus, encore une fois, pas de Terence. Je ne me suis pas plus inquiété que le vendredi précédent. Je me suis dit qu'il avait dû perdre ses vieilles habitudes de vagabond. Je me suis dit qu'il évitait de sortir parce qu'il

1 se pointer: se montrer
2 la/le domestique: Hausangestellte/r
3 la trêve: Waffenstillstand
4 la rogne: *fam.* Stinkwut

craignait désormais[1] de croiser Frédo. Je me suis dit qu'il était sagement et tranquillement resté chez lui.

À la maison, devant la glace de la grande armoire, mon père passait un costume trois fois plus large que lui. Les épaules de la veste lui arrivaient aux coudes. Ma mère enfilait des épingles[2] le long de sa silhouette en rigolant.

– C'est celui de notre mariage ! m'a annoncé mon père en clignant d'un œil. Regarde comme il me va encore bien !

Il riait. Il était content. Ça faisait longtemps que je ne l'avais pas vu comme ça.

Mon grand-père est entré dans la pièce en pavoisant[3] avec un énorme nœud papillon et mon père a éclaté de rire sans être interrompu par la moindre quinte de toux[4].

– Je veux inviter Terence demain ! je leur ai annoncé.

– Le pleu-pleu ? a questionné mon père.

– Ouais.

– Pourquoi ?

– Parce que personne n'a jamais rien partagé avec ce type.

– Il participe comme tout le monde au loto des chasseurs… a plaidé ma mère.

– Uniquement parce qu'il paye ses cartons aussi cher que tout le monde ! je lui ai répliqué.

Mon grand-père m'a détaillé de haut en bas :

– Étudier la mécanique te met de drôles d'idées dans la tête !

Mais lui et mon père étaient de trop bonne humeur pour se mettre en colère.

1 désormais *adv.*: in der Folge, *hier* nunmehr
2 l'épingle *f.*: Stecknadel
3 pavoiser: sich stolz zeigen
4 la quinte de toux *f.*: Hustenanfall

Ma sœur, qui enfilait une robe de couleur crème pleine de froufrous[1], a lancé :

– Le pleu-pleu ne sera de toute façon pas en état.

Elle devait croire que Terence était resté KO depuis la semaine dernière. Je n'ai pas relevé.

– Où est Arnaud ? j'ai juste demandé.

– Il est parti enterrer sa vie de garçon[2] avec Frédo ! s'est exclamée ma sœur.

Leurs cris m'ont réveillé en pleine nuit. Arnaud et Frédo. Soûls[3]. Dans le jardin. À brailler comme des veaux. « En plein dans sa sale tronche… » « Sa tronche en biais… » « Cette pauvre vache… »

J'ai mis un pantalon de survêtement. Je me suis glissé dehors. J'ai filé dans la nuit vers le cimetière.

Je suis arrivé à bout de souffle chez Terence. Ils avaient pris soin d'éteindre[4] toutes les lumières. J'ai su avant même d'appuyer sur l'interrupteur[5] que ce que j'allais voir allait être terrible.

La cuisine était complètement ravagée[6]. Les fenêtres brisées. Le buffet fracassé. La vaisselle émiettée. Des aliments dispersés[7] et éparpillés partout. Des pots de yaourt éclatés contre les murs. Des fruits et des légumes écrasés. Des œufs. Des choses méconnaissables. Comme si cette cuisine avait été dévastée[8] par la foudre[9]. Visitée par un ouragan[10]. Ou pire.

1 le froufrou: Rüsche
2 enterrer sa vie de garçon *loc.*: seinen Junggesellenabschied feiern
3 soûl/e *adj.*: betrunken
4 éteindre: auslöschen (Licht)
5 l'interrupteur *m.*: Schalter
6 ravagé/e *adj.*: verwüstet
7 dispersé/e *adj.*: verteilt
8 dévasté/e *adj.*: verwüstet
9 la foudre: Blitz
10 l'ouragan *m.*: Hurrikan

Terence gisait le dos contre le réfrigérateur renversé.

– Muv 'uch… Muv 'uch…

Des flots de mousse[1] lui sortaient de la bouche.

J'ai cherché un torchon dans ce fourbi[2], des pâtes craquaient sous mes pieds, de la farine volait, j'ai fini par trouver une serviette avec laquelle je lui ai essuyé les lèvres, ses lèvres fendues[3] et tuméfiées[4], j'ai senti la forte odeur du produit vaisselle[5] en épongeant sa bouche, ils lui avaient fait avaler du produit vaisselle.

La peau de son visage avait été déchirée par les coups. Un os pointu[6] lui traversait la chair au niveau de la pommette[7] gauche. Une de ses oreilles avait été à moitié arrachée. Son nez avait disparu. Du sang ne cessait de gicler[8] au sommet de son front. Et toujours ce sourire jusqu'aux yeux.

Un hoquet[9] m'a carrément soulevé du sol et mes jambes se sont dérobées[10] sous moi et les murs se sont mis à onduler alors que je tentais désespérément de me raccrocher à eux.

1 la mousse: Schaum
2 le fourbi: *fam.* Wust, Durcheinander
3 fendu/e *adj.*: zerrissen
4 tuméfié/e *adj.*: geschwollen
5 le produit vaisselle: Geschirrspülmittel
6 l'os *m.* pointu: spitzer Knochen
7 la pommette: Wangenknochen
8 gicler: strömen
9 le hoquet: Schluckauf, Schluchzer
10 se dérober: *hier* wegrutschen

Sujets d'étude

A. Pendant la lecture

1. «Dans le patelin, les mariages étaient toujours célébrés entre personnes du même clan. [...] Et le seul à ne jamais être invité était Terence.» (p. 43, l. 5–16)
   Décrivez le rôle et la place de Terence dans l'univers de Mortagne à partir de cette phrase.
2. Pourquoi n'est-il invité par personne? Analysez.

9

Je me suis réveillé au milieu de mes vomissures[1], une joue constellée[2], de corn-flakes, sur les tomettes, de la cuisine de Terence.

Il faisait jour. Je me suis levé avec précaution. Terence semblait ne pas avoir bougé d'un pouce[3].

Je ne me suis pas approché de lui. Je ne voulais plus voir son horrible visage mutilé[4]. Je ne l'ai observé que du coin de l'œil.

Il était parfaitement immobile. Sa bouche ne dégageait[5] plus de mousse. Il regardait fixement le plafond[6].

Je n'ai pas vérifié s'il respirait encore.

Ma montre indiquait midi.

Mon frère se mariait à onze heures et il était midi. Trop tard.

Je me suis passé la tête sous l'eau froide dans l'évier. J'ai fermé le robinet assez rapidement mais je suis resté penché en avant[7] au-dessus du bac[8]. J'ai attendu que mes cheveux et mon nez cessent de ruisseler[9].

Puis j'ai redressé la tête.

1 les vomissures *f. pl.*: Erbrochene
2 constellé/e *adj.*: übersät
3 ne pas bouger d'un pouce: *fig.* sich nicht vom Fleck bewegen
4 mutilé/e *adj.*: verstümmelt
5 dégager: abgeben
6 le plafond: Decke
7 penché en avant: vorgebeugt
8 le bac: Becken
9 cesser de (ruisseler): aufhören zu (tropfen)

Et je me suis dirigé sans hâte[1] vers la fête.

Des planches avaient été posées sur des tréteaux[2] dans le jardin de mes parents.

Il faisait beau.

Un tas de gens bavardaient debout en levant le coude[3].

M. Listrac. Le pharmacien. Les gars de la scierie. Les collègues de mon frère. Les employés de M. Listrac. Avec leur femme. Leurs enfants. Mon père en costume. Sonia dans une robe blanche.

Je ne voyais pas Frédo parmi les convives[4].

Ma mère remplissait les verres.

– Martial… elle a dit en faisant des yeux de hibou[5]. Te voilà enfin !

Je lui tournais déjà le dos pour me diriger vers la maison.

Arnaud m'a rattrapé et s'est planté devant moi :

– Où tu étais, bon sang ?

Je ne lui ai pas répondu mais il a dû comprendre.

– Tu ne félicites pas le marié ? il a lancé pour éluder[6] sa question précédente.

Je ne voulais surtout pas le serrer dans mes bras alors je lui ai montré le survêtement sale que je portais :

– Je vais d'abord me changer…

Trois de ses camarades jouaient aux fléchettes[7] devant la maison.

– Où est votre saloperie[8] de contremaître ? je leur ai demandé.

Ils m'ont fusillé du regard.

1 sans hâte: ohne Eile
2 le tréteau: Gestell
3 lever le coude: *hier* einen trinken
4 les convives *m. pl.*: Gäste
5 faire des yeux de hibou: die Augen weit aufreißen (le hibou: Uhu)
6 éluder: ausweichen, umgehen
7 jouer aux fléchettes *f. pl.*: Dart spielen
8 la saloperie: *hier* Dreck

J'ai reformulé ma question :

– Où est Frédo ?

L'un d'entre eux a désigné l'intérieur de la baraque :

– Il a déjà trop bu… Alors il doit être en train de pisser !

J'ai ouvert la porte des toilettes avec tant de fureur que j'en ai brisé le loquet contre le mur. Mais les toilettes étaient vides.

J'ai traversé toutes les pièces sans le trouver.

Frédo était nulle part.

Si.

J'ai voulu ressortir en passant par le garage et il était là, face à l'établi[1], le froc baissé[2], les jambes nues de ma sœur autour de la taille.

Il me tournait le dos.

J'ai saisi le premier truc qui m'est tombé sous la main, une pelle, une vilaine pelle bien lourde, je l'ai empoignée par le manche[3], avec les deux mains, j'ai assuré ma prise et j'ai plié les bras au niveau des coudes pour la soulever de biais[4] et la caler[5] contre mon épaule gauche.

Il suait[6] et je pouvais voir ses veines torsadées[7] enfler sur sa large nuque.

Je me suis avancé, évaluant approximativement la bonne distance, j'ai pivoté d'un quart de tour pour prendre suffisamment d'élan et j'ai frappé avec la pelle comme avec une batte[8]. Un coup et un seul. Un coup si violent que la pelle a sifflé en fouettant l'espace. Son tranchant métallique a pénétré dans le cou de Frédo avec une facilité

1 l'établi *m.*: Werkbank
2 le froc *fam.* baissé: die Hose herunter gelassen
3 le manche: Griff
4 soulever qc de biais *m.*: etw. schräg heben
5 caler: abstützen
6 suer: schwitzen
7 la veine torsadée: *hier* die dicke Vene
8 la batte: Schläger

déconcertante[1]. J'ai cru que ça allait carrément le décapiter[2] mais la pelle s'est arrêtée dans un grand craquement en butant[3] contre ses vertèbres cervicales[4]. J'en ai lâché le manche.

La tête de Frédo a fini par basculer[5] sur la droite, libérant la pelle coincée dans les chairs de son cou, ouvrant une plaie béante[6] par laquelle des geysers[7] de sang se sont mis à fuser[8] de sa carotide[9]. Il s'est écroulé par terre alors que son sang continuait d'asperger le mur et ma sœur a commencé à hurler.

Un marteau traînait sur l'établi.

Les cris de ma sœur me vrillaient[10] les tympans[11] alors je me suis emparé du marteau et je l'ai abattu sur sa bouche jusqu'à ce qu'elle se taise[12].

1 déconcertant/e *adj.*: verwirrend
2 décapiter: enthaupten
3 buter contre qc: gegen etw. stoßen
4 les vertèbres cervicales *f. pl.*: Halswirbelsäule
5 basculer: kippen
6 béant/e *adj.*: klaffend
7 le geyser: Springquelle, *hier fig.* Fontäne
8 fuser: jaillir
9 la carotide: Halsschlagader
10 vriller: durchbohren
11 le tympan: Trommelfell
12 se taire: verstummen, schweigen

Sujets d'étude

A. Pendant la lecture

1. Quelles questions Martial pourrait-il se poser le matin du mariage de son frère? Relisez le texte des pages 48, l. 11 à 50, l. 19 («Je n'ai pas vérifié [...] mon épaule gauche.») et formulez ces questions.
2. Rédigez le monologue intérieur de Martial le matin du mariage de son frère en décrivant ce que Martial ressent après son réveil. *(au choix, DIFF+)*
3. Examinez de plus près l'évolution psychologique de Martial à travers les derniers chapitres.

10

Ça a commencé quand je me suis saisi de cette pelle et, moins d'une minute après, Frédo gisait par terre avec la moitié de la tête arrachée et je tenais un marteau et les mâchoires[1] de ma sœur étaient brisées en plusieurs morceaux.

Après ça, je ne sais pas, tout s'est enchaîné naturellement.

J'ai gardé le marteau à la main et je suis retourné dans le salon.

Le fusil de chasse de mon père était suspendu en travers de la cheminée[2].

Je ne l'ai pas tout de suite décroché.

Je suis d'abord allé chercher les cartouches. Mon père les rangeait dans un tiroir[3] du cellier[4]. Juste à côté de celui où ma mère mettait les épingles à linge[5]. J'ai traversé la cuisine et j'ai ouvert le tiroir et j'ai pris toutes les cartouches qu'il y avait dedans. Des rouges et des vertes.

Je les ai glissées dans les poches de mon pantalon de survêtement. Il y en avait tant et elles pesaient[6] si lourd que mon pantalon a failli me tomber sur les genoux. J'ai dû retenir son élastique en plaquant une main contre ma taille pour regagner le salon sans trébucher[7].

1 la mâchoire: Kiefer
2 en travers de (la cheminée): schräg über (dem Kamin)
3 le tiroir: Schublade
4 le cellier: Vorratsraum
5 l'épingle *f.* à linge *m.*: Wäscheklammer
6 peser: wiegen
7 trébucher: stolpern

Le fusil était un vieux Beretta, calibre 12, double canon[1] et double détente[2].

Il fallait faire pivoter[3] un petit levier[4] au-dessus de sa culasse[5] pour le casser en deux afin de le charger.

Mon père m'avait montré.

Mon père me l'avait aussi fait épauler à de nombreuses reprises quand je l'accompagnais à la chasse.

Mon père m'avait même laissé tirer sur un lièvre qui avait détalé[6] devant moi à l'improviste[7]. Sauf que l'animal zigzaguait trop vite. Je l'avais manqué et j'avais eu droit à une calotte[8] pour les deux cartouches gaspillées[9].

Je m'étais rarement servi du Beretta tout seul. Mais quelquefois. En cachette. J'avais une fois pulvérisé une pomme en tirant dessus à bout portant. J'avais une autre fois fait feu sur un poteau [10]téléphonique. J'avais encore une fois visé un chat, de loin, je pensais que je ne parviendrais pas à le toucher mais les charges lui avaient emporté les deux pattes avant.

Mon père ne chassait plus.

Il ne décrochait désormais cette arme que pour la nettoyer. Astiquer[11] son fût en noyer[12]. Graisser ses rouages[13]. Huiler son canon. La bichonner[14].

1 le double canon: zwei Läufe (Gewehr)
2 la double détente: zwei Abzüge (Gewehr)
3 faire pivoter qc: etw. kreisen lassen
4 le levier: Hebel
5 la culasse: Verschluss
6 détaler: Reißaus nehmen
7 à l'improviste *adv.*: unvermittelt, plötzlich
8 la calotte: *fam.* Ohrfeige
9 gaspillé/e *adj.*: vergeudet
10 le poteau: Mast
11 astiquer: reinigen, putzen
12 le fut en noyer: Gewehrschaft aus Nussbaum
13 le rouage: Räderwerk, Mechanik
14 bichonner: verhätscheln

J'ai posé le marteau sur la poutre[1] de la cheminée.

J'ai dégagé le fusil des deux clous sur lesquels il reposait.

Et, gardant toujours une main sur mon pantalon pour le maintenir autour de ma taille, je suis monté au premier étage.

La chambre de mes parents donnait sur le jardin. Sur les tables couvertes de bouteilles. Sur les gens qui semblaient être tous bien partis pour bringuer[2] sans se soucier de Terence.

Je me suis installé près de la fenêtre et j'ai regardé.

J'ai vu l'agneau embroché[3] qui tournait au-dessus des flammes. J'ai vu mon grand-père lisser[4] son nœud papillon près du feu. J'ai vu des gamins courir autour des hortensias. J'ai vu Arnaud tâter[5] le cul de Sonia devant tout le monde. J'ai vu M. Listrac se frotter le ventre. J'ai vu sa Mercedes rutilante. J'ai vu le grand mur de la scierie au loin. J'ai vu Mortagne. J'ai vu la petite route qui conduisait vers le centre du patelin. J'ai vu le toit du lavoir dans lequel le père de Mongin avait congelé. J'ai vu le pharmacien taper dans le dos de mon frère. J'ai vu mon père embrasser ma mère sur les lèvres en tendant son verre si haut qu'on aurait dit qu'il voulait chatouiller[6] le ciel.

Le cimetière et la maison de Terence étaient invisibles derrière la charmille[7].

J'ai aligné les cartouches à mes pieds. Dix-huit cartouches. Deux par deux.

1 la poutre: *hier* Kaminsims
2 bringuer: hin- und herschwanken
3 l'agneau *m.* broché: Lamm am Spieß
4 lisser: glätten, glatt streichen
5 tâter: tätscheln
6 chatouiller: kitzeln
7 la charmille: Weißbuche

Mon grand-père arrosait le méchoui[1] dans le fond du jardin. Il posait de temps en temps la louche[2] et reculait pour s'éventer[3] avec un journal plié en quatre.

Le soleil étincelait[4] sur la tête en cuivre des cartouches.

J'ai voulu vérifier quelque chose. Je me suis collé le canon du fusil dans le visage en glissant un doigt dans la gâchette[5] pour voir si je pouvais me tirer dessus tout seul. Je pouvais.

Alors j'ai repris l'arme normalement.

J'ai enclenché deux cartouches.

J'ai refermé le fût.

Et j'ai ouvert la fenêtre.

1 le méchoui: Hammel/Lamm am Spieß
2 la louche: Kelle
3 s'éventer: sich Luft zufächeln
4 étinceler: funkeln, gleißen
5 la gâchette: Abzug (Gewehr)

Sujets d'étude

A. Pendant la lecture

1. Après avoir tué Frédo et sa sœur, selon Martial, «tout s'est enchaîné naturellement».
   Relevez la succession de ses actes avant qu'il n'ouvre la fenêtre pour tirer.
2. Qu'est-ce qui vous frappe dans cette description?
3. Agit-il de façon réfléchie ou automatique? Analysez.
4. À la fin du chapitre, Martial s'interrompt pour observer la fête du mariage et les convives: «Je me suis installé près de la fenêtre et j'ai regardé.» (p. 55, l. 10)
   Relevez ce qu'il observe exactement.

   La plupart des phrases commencent par une anaphore: «J'ai vu ...» Qu'est-ce que cette répétition implique sur l'état d'esprit de Martial? Expliquez.

11

Mon père garantissait que son Beretta pouvait faucher[1] n'importe quel gibier à cinquante mètres.

Les tables autour desquelles se pressaient les convives étaient à une vingtaine de mètres.

J'étais dans l'encadrement de la fenêtre mais je tenais le fusil hors de leur vue.

Le pharmacien est le premier à avoir levé les yeux vers moi. Il a hoché[2] la tête amicalement. Affichant son sourire mielleux[3].

Mon frère m'a fait un signe de la main. Un « coucou ». Ou autre.

Ma mère m'a montré du doigt et a dit quelque chose que je n'ai pas entendu.

Les conversations se sont éteintes peu à peu.

– Qu'est-ce que tu fabriques dans notre chambre ? s'est préoccupé mon père.

Presque tout le monde me regardait à ce moment-là.

J'ai laissé reposer le fusil contre le mur pour enlever mon tee-shirt et répondre torse nu :

– Je me change !

Les visages se sont détournés et les conversations ont repris.

Mon frère s'est approché en contrebas[4].

1 faucher: hinwegraffen
2 hocher la tête: nicken
3 mielleux/-euse *adj.*: honigsüß
4 s'approcher en contrebas: sich unterhalb nähern

– Où est Frédo ? il m'a demandé.

J'ai aussitôt épaulé le fusil et j'ai fermé mon œil droit pour viser.

Le temps que j'ai mis pour aligner mon frère dans l'encoche[1] du viseur m'a paru sans fin. Ça a pourtant pas dû durer plus de deux secondes. Arnaud était toujours à la même place, dans la même position, à me fixer sans faire le moindre geste.

J'ai pressé la double détente et les deux déflagrations[2] se sont chevauchées[3] alors que le corps de mon frère se faisait arracher du sol par les microbilles[4] de plomb.

Il est tombé sur le dos deux ou trois mètres plus loin. Sa chemise était criblée[5] de trous. Du sang lui sortait du nez et de la bouche.

Stupeur.

Plus personne ne bougeait.

Juste le mouvement de rotation de la broche dans mon champ de vision.

Et mes propres mouvements.

J'ai fait pivoter le levier du fusil pour dégager les deux douilles vides et enclencher deux nouvelles cartouches pleines par la culasse.

Le premier cri est sorti de la gorge de Sonia.

Elle s'est avancée vers Arnaud et s'est agenouillée près de lui.

Les autres ont commencé à reculer[6].

Sonia ne pleurait pas. Elle ne faisait que crier.

Je n'ai pas pressé les deux détentes à la fois.

1 l'encoche *f.*: Kerbe
2 la déflagration: Explosion
3 se chevaucher: sich überschneiden
4 la microbille: Mikrokugel
5 cribler qn (de balles): jdn (mit Kugeln) durchsieben
6 reculer: zurückweichen

D'abord une. Et puis l'autre.

Sa robe blanche s'est mouchetée[1] de rouge quand j'ai appuyé sur la première. La charge ne l'a pas soulevée dans les airs comme mon frère, au contraire, elle lui a cloué les épaules par terre. Elle s'est mise à gigoter[2] et à se tordre[3] dans tous les sens. La seconde charge l'a littéralement figée[4], lui creusant[5] un trou énorme dans la poitrine, comme si elle avait reçu un coup de pioche[6].

Panique générale autour des tables. Des mères ont appelé leurs enfants. Des pères ont pris leurs gamins sous les bras et sont partis se mettre à l'abri. Derrière un arbre. Derrière le cabanon[7] du jardin. D'autres ont enjambé[8] le grillage et ont cavalé[9] vers la forêt.

J'ai balancé deux cartouches sans toucher personne. Certains sont restés à découvert, immobiles devant les tables, me fixant en attendant je ne sais quoi.

Ma mère. Mon père. Mon grand-père. M. Listrac.

J'ai orienté le fusil dans une tout autre direction.

Le pare-brise[10] de la Mercedes a volé en éclats et son capot[11] a sauté comme un couvercle.

Deux douilles de plus sur le sol et deux cartouches de plus dans les canons.

Je suis revenu vers les tables.

Les mêmes campaient sur leurs positions.

1 se moucheter: sich sprenkeln
2 gigoter: herumzappeln
3 se tordre: sich verrenken
4 figer qn: *hier* jdn festnageln
5 creuser: bohren, graben
6 le coup de pioche *f.*: Axthieb
7 le cabanon: Schuppen
8 enjamber: über etw. steigen
9 cavaler: abhauen
10 le pare-brise: Windschutzscheibe
11 le capot: Motorhaube

J'ai aligné la bassine de sangria dans le viseur. Elle a explosé. Éclaboussant[1] de vin le costume de mon père.

Les joues grasses de M. Listrac luisaient autant que l'agneau sur la broche.

Il a précipitamment levé les bras pour se protéger la tête quand il a vu que je pointais le Beretta vers lui.

Je lui ai tiré droit dans le ventre.

1 éclabousser: bespritzen

Sujets d'étude

A. Pendant la lecture

1. Notez les verbes/les groupes de mots décrivant une action de Martial: j'ai tiré, j'ai cherché ... (Continuez ce travail au chapitre suivant.)
2. Réalisez un travail de vocabulaire à l'aide du dictionnaire p. ex. en établissant un champ de mots à partir du prénom du protagoniste et de ses actions (avec des définitions, des synonymes, etc.).
3. Analysez le résultat de ce travail.

12

Son sang imprégnait le tissu[1] de sa chemise et dessinait une auréole rouge qui s'élargissait[2] peu à peu.

M. Listrac est pourtant resté debout.

J'ai dû lui en coller deux de plus dans le buffet pour le faire se coucher.

Il a délicatement porté les mains sur son ventre avant de partir à la renverse[3].

J'ai cru voir mon père hocher la tête en guise d'approbation[4] quand le crâne de son ancien patron a lourdement heurté[5] le sol. Je ne suis pas sûr.

Plus que six cartouches à mes pieds.

Plus que quatre après avoir rechargé.

– Martial ! a braillé quelqu'un.

La voix provenait de derrière le cabanon.

Le soleil allongeait les ombres de plusieurs personnes cachées là-bas.

J'ai tiré un coup dans leur direction pour faire comprendre que je ne tenais pas à discuter.

1 le tissu: Stoff
2 s'élargir: devenir plus grand
3 partir à la renverse: umkippen
4 en guise d'approbation *f.*: als Zustimmung
5 heurter: *hier* aufprallen

La salve de plomb a fouetté les planches et griffé[1] le toit en tôle[2] et les ombres se sont recroquevillées[3] les unes sur les autres.

Des pleurs.

Des plaintes.

Des supplications[4].

J'ai abaissé le fusil un instant pour contempler le tableau.

Mon père et ma mère statufiés.

Le corps inerte[5] de mon frère les bras en croix.

Le corsage déchiqueté de Sonia.

Les tables désertées.

La sangria répandue sur la nappe en papier.

Les rivières de vin sucré.

Une casquette abandonnée.

Des vestes.

Un ballon.

Du sang sur les graviers[6].

M. Listrac dans une flaque rouge.

Quatre cartouches à mes pieds.

Plus une dans le canon.

J'ai cherché le pharmacien.

En vain[7].

Mon grand-père a repris la louche et a recommencé à arroser naturellement le méchoui dans le fond du jardin.

Une jambe inconnue dépassait derrière un arbre.

J'ai épaulé. J'ai visé. J'ai tiré.

De l'écorce et du sang ont giclé mais je n'ai pas su à qui appartenait cette jambe.

1 griffer: zerkratzen
2 le toit en tôle *f.*: Blechdach
3 se recroqueviller: sich zusammenkauern
4 la supplication: Flehen
5 inerte *m./f. adj.*: leblos
6 le gravier: Kies
7 en vain *loc.*: vergebens, umsonst

J'ai rechargé le fusil.

Attentif au moindre mouvement.

Sauf que rien ne bougeait.

Pour passer le temps, j'ai promené l'encoche du viseur sur mon grand-père, sur mon père et sur ma mère, dégageant mon doigt de la gâchette par précaution.

Puis j'ai repris le ventre de M. Listrac en ligne de mire[1]. Son ventre toujours aussi faramineux[2] malgré les trous que j'avais faits dedans. J'ai balancé une nouvelle cartouche dans ce gros tas.

Quelque chose a alors filé sur la droite du cabanon.

J'ai pivoté. J'ai ajusté la pointe du viseur dans l'axe. J'ai pressé la seconde détente.

Un gamin a reçu la décharge dans le dos.

Bastien. Neuf ans. Un cousin de Sonia.

Il aimait faire du vélo. Il pédalait comme un dératé[3] sur les chemins. Il était un jour tombé cul par-dessus tête en voulant éviter un chien.

J'avais dû retaper son bolide[4] tout tordu. J'avais dévoilé sa roue. J'avais redressé ses garde-boue[5]. J'avais retendu le câble de ses freins[6].

Puis j'avais tout fait briller.

– Ouah ! il s'était exclamé en contemplant le résultat. On dirait un avion !

1 la ligne de mire: Ziellinie, Schusslinie
2 faramineux/-euse *adj.*: wahnsinnig
3 le dératé: *fig. hier* Verrückter
4 le bolide: Rennwagen (Spielzeugauto)
5 le garde-boue: Schutzblech
6 le câble des freins *m. pl.*: Bremskabel

Sujets d'étude

A. Pendant la lecture

1. On a souvent parlé de l'«écriture totalement cinématographique» de Guillaume Guéraud. Est-ce aussi valable pour le texte donné? Donnez vos raisons en vous référant à ce chapitre.
2. Relevez des figures de style que vous reconnaissez dans le texte. Si nécessaire, renseignez-vous p. ex. sur la définition et l'effet de l'ellipse et de la parataxe.
3. Quel est l'effet produit par ce style sur vous? Tenez compte de la relation forme-contenu.

13

J'ai vu les camions de la gendarmerie avaler la petite route, j'ai entendu leur sirène, le canon du Beretta était brûlant et ça sentait le salpêtre dans la chambre, une odeur entêtante[1], les freins des camions ont crissé[2] et au moins une vingtaine de flics se sont dispersés.

J'ai tiré une cartouche à la va-vite[3] dans leur direction, sans prendre le temps de viser correctement, juste histoire de leur signaler ma présence et de leur coller la pression, sinon ils auraient cru me mettre la main dessus en moins de deux.

La déflagration les a surpris. Ils se sont tous jetés à terre et certains se sont carapatés[4] en rampant[5] sous les tables.

Il ne me restait plus qu'une cartouche, une seule, mais ils l'ignoraient.

Ils ont réclamé des renforts[6] et ils ont alerté les urgences[7].

J'étais agenouillé derrière la fenêtre. J'aurais aimé avoir un fusil-mitrailleur[8] à ce moment-là, un bazooka, ou un avion de chasse. J'avais vu des missiles tomber sur une ville à la télévision, un seul d'entre eux aurait suffi pour balayer

1 entêtant/e *adj.*: schwer (Duft, Parfüm)
2 crisser: *hier* kreischen (Bremsen)
3 à la va-vite: *fam.* auf die Schnelle
4 se carapater: *fam.* abhauen
5 ramper: kriechen
6 le renfort: Verstärkung
7 les urgences *f. pl.*: Notdienst, Bereitschaft
8 le fusil-mitrailleur: Maschinengewehr

Mortagne de la surface de la Terre, mais il ne tombait pas de missiles par ici.

Mon grand-père continuait d'arroser le méchoui.

Mon père et ma mère se sont lentement dirigés vers les camions.

J'ai pensé à la photo de leur mariage, celle où ils ne sont que tous les deux, elle est sur le mur du salon.

J'ai pensé à un tas d'autres trucs.

J'ai pensé à la fois où j'avais croisé ce Gitan à la sortie de la boulangerie, il avait été embauché[1] pour la saison des vendanges[2] au château Clément, je devais avoir huit ou neuf ans, tous les scieurs le décrivaient comme un sauvage, je redoutais vraiment de le rencontrer et, quand c'était arrivé, il m'avait regardé droit dans les yeux et avait fait glisser son index[3] en travers de son cou en prononçant une phrase étrange, « je vais te couper la veine du sommeil », puis il avait ri, voilà à quoi j'ai pensé, à cette phrase et au rire qui l'avait suivie.

J'ai aussi pensé à cette fille qui s'était assise juste à côté de moi dans le bus alors que presque toutes les places étaient libres, elle avait un petit grain de beauté sur son épaule droite que je lorgnais[4], elle était jolie et, quand elle était descendue, elle m'avait souri, c'était la première fois que je la voyais et je ne l'ai jamais revue après ça, mais j'ai pensé au petit grain de beauté qu'il y avait sur son épaule, à son sourire et aux portes du bus qui s'étaient refermées sur son sourire.

J'ai pensé au but que le joueur coréen Han avait marqué contre l'Italie, pendant la dernière coupe du monde[5] de

1 embaucher qn: donner du travail à qn
2 les vendanges *f. pl.*: Weinlese
3 l'index *m.*: Zeigefinger
4 lorgner: verstohlen anschauen
5 la coupe du monde: Weltmeisterschaft

football, en quart de finale, il avait inscrit ce but pendant les prolongations et la Corée s'était qualifiée, je n'avais jamais entendu le nom de ce pays avant cette coupe du monde, je ne sais pas pourquoi j'ai pensé à ça, au visage rayonnant de Han faisant le tour du stade les deux bras en l'air.

Je ne sais pas combien de temps j'ai pensé à tous ces trucs incohérents[1], du haut de la chambre de mes parents, mais j'ai fini par recaler[2] ma joue contre la crosse[3] du fusil, j'ai orienté le canon vers le soleil et j'ai appuyé sur la détente.

Je me suis aperçu qu'il n'y avait plus de cartouches quand j'ai voulu recharger[4]. Plus une seule.

J'ai balayé les douilles vides d'une main. Puis j'ai posé le fusil et je me suis levé et j'ai enjambé[5] la fenêtre.

Mon grand-père a lâché sa louche au même moment.

Mon père et ma mère regardaient ailleurs.

J'ai basculé en avant en espérant que mon cœur éclate et que tous mes os se brisent en plusieurs milliards de morceaux mais j'ai seulement senti une douleur infernale[6] dans le genou et une ambulance m'emporte maintenant vers je ne sais où.

1 incohérent/e *adj.*: unzusammenhängend
2 recaler: *hier* wieder abstützen
3 la crosse: Gewehrkolben
4 recharger: wieder laden
5 enjamber la fenêtre: *hier* aus dem Fenster springen
6 infernal/e *adj.*: höllisch

Sujets d'étude

A. Après la lecture

1. Connaissez-vous des exemples de crise de folie meurtrière? Notez-les.
2. «J'aurais aimé avoir un fusil-mitrailleur à ce moment-là, un bazooka, ou un avion de chasse. J'avais vu des missiles tomber sur une ville à la télévision, un seul d'entre eux aurait suffi pour balayer Mortagne de la surface de la terre, mais il ne tombait pas de missiles par ici.»
   (p. 67, l. 16–p. 68, l. 2)
   L'action de Martial semble un acte de vengeance infiniment cruel au nom de Terence – Est-ce aussi une crise de folie meurtrière?
   a) Analysez.
   b) Discutez.
3. Regardez les images que donne le dessinateur Alfred de Martial en couverture
   (voir www.tinyurl.com/czvnwtl):
   a) Décrivez le portrait et jugez: quelle est la perspective d'Alfred sur Martial?
   b) Discutez en donnant vos raisons: Martial, est-il victime ou bourreau?
4. Comment agir face à la violence? Citez/Donnez des exemples.

Annexe

Mikaël Demets

Extrait de l'interview d'Alfred

Comment s'est passée la rencontre avec le roman de Guillaume Guéraud ?
Guillaume est un ami dont je lis les bouquins[1] depuis des années. Ses textes sont secs, courts, directs et tranchants[2], c'est quelque chose que j'apprécie beaucoup. Quand j'ai lu *Je mourrai pas gibier*, j'ai eu un choc. C'est un récit qui est assez violent, et, surtout, en le lisant, je me suis rendu compte qu'il y avait plein d'émotions, d'images, d'odeurs, de sons qui jalonnaient[3] ma lecture. J'ai fini la lecture emballé[4]. Des mois après l'avoir lue, je continuais de ruminer cette histoire, à repenser à des phrases qui m'avaient marqué. Ce livre me hantait au point qu'il fallait que je m'en libère. Donc l'adapter[5] est, de ce point vue, une envie égoïste.
Guillaume Guéraud a-t-il participé à cette adaptation ?
Non. Un jour, je l'ai croisé, et je lui ai demandé si je pouvais adapter son roman presque sans réfléchir, ça m'est venu dans la discussion. Je ne m'étais même pas aperçu que j'en avais envie. Il a accepté et m'a laissé le faire seul, il ne voulait pas raconter cette histoire une seconde fois. Ca m'allait très bien : je voulais être tout seul face à ce texte qui m'avait fait tant d'effet. Je tenais vraiment à retranscrire[6] ce que j'avais ressenti à la lecture, sans qu'un autre vienne me dire quoi faire. J'avais un besoin presque physique de recracher[7] ce que m'avait donné ce bouquin.

1 le bouquin: le livre
2 tranchant/e *adj.*: einschneidend , scharf
3 jalonner: markieren, kennzeichnen
4 emballé/e *adj.*: *fig.* begeistert
5 adapter: anpassen
6 retranscrire: etw. wieder abschreiben
7 recracher: *fig.* wieder ausspucken, *hier* etw. wieder erzählen

Vous parliez de la violence du roman : en l'adaptant en bande dessinée, vous passiez à un mode d'expression plus explicite. Comment avez-vous géré[1] cette violence ?

Je voulais à tout prix éviter la surenchère visuelle[2]. Pour ne pas tuer le texte, il ne fallait pas que le dessin en face trop. Dessiner ce qu'il racontait aurait annulé la force des mots, ou aurait donné une impression de redondance[3]. Je lisais plusieurs fois un chapitre, puis je me mettais à dessiner ce chapitre.

Du coup, j'ai digéré[4] la violence du livre petit à petit, et elle apparaît de manière diffuse. Dans le roman, plus que la violence, ce sont les différentes facettes de cette violence qui m'avaient marqué : elle était certes physique, mais aussi sociale, morale, psychologique, apparaissait dans le choix des mots, dans les rapports humains.

Elle était partout. Donc si j'avais accentué[5] la seule violence visuelle, ça aurait réduit[6] mon propos à un coup de poing dans le ventre ou une balle dans la tête.

Alors que pour moi, un des passages les plus violents du bouquin, c'est par exemple quand je montre que les gens dorment tranquillement après avoir tabassé[7] un innocent. C'est cette violence-là que je voulais montrer.

Propos recueillis le 02/02/2009 par Mikaël Demets pour Evene.fr (www.evene.fr/livres/actualite/alfred-mourrai-pas-gibier-tue-pierre-ka-1783.php)

1 gérer qc: mit etw. umgehen
2 la surenchère visuelle: das visuelle Überangebot
3 la redondance: Wiederholung
4 digérer qc: *fig.* etw. innerlich aufnehmen
5 accentué/e *adj.*: betont
6 réduire qc à qc: etw. auf etw. beschränken
7 tabasser: *fam.* prügeln

Sujets d'étude

1. Indiquez comment Alfred caractérise les textes de Guillaume Guéraud et sa première rencontre avec *Je mourrai pas gibier*
2. Décrivez les raisons d'Alfred pour une adaptation du livre de Guéraud en BD.
3. Caractérisez les principes artistiques qu'Alfred a suivis lors de l'adaptation du texte de Guéraud (Quel est son but? Qu'est-ce qu'il voulait éviter?).
4. Commentez sa vision / son idée de la violence dans le roman. Partagez-vous son point de vue? Justifiez.

Fabrice de Saint Riquet
Analyse de *Je mourrai pas gibier* de Guillaume Guéraud

Guillaume Guéraud qui, déjà à ses débuts avec le roman Cité nique le ciel chez le même éditeur, avait fait polémique[1] par son écriture crue[2] et la violence de ses personnages, continue dans la même veine[3], la maturité[4] en plus. À nouveau il frappe[5] fort et juste, à nouveau il dérange[6]. Il faut dire qu'il n'est pas adepte[7] des happy-ends, et que son univers est traversé par la violence sans jamais l'édulcorer[8], ce qui parfois peut choquer, d'autant plus que ses livres paraissent dans une collection pour adolescents. Pourtant, jamais il ne nous fait croire que la violence est belle.

Son style sec et déchargé[9] d'émotion est aux antipodes[10] de l'esthétisme de la violence dans lequel est tombé un certain cinéma. Je fais volontairement référence[11] au cinéma car son écriture est totalement cinématographique, saccadée[12] comme une succession de plans[13]. D'ailleurs, on ne peut s'empêcher d'y penser à la lecture de ces deux romans. Ainsi, dans *Je mourrai pas gibier,* il y a quelque

1 faire polémique *f.*: Diskussionen auslösen
2 cru/e *adj.*: *hier* direkt, schonungslos
3 dans la même veine: *hier* in derselben Richtung/Art
4 la maturité: Reife
5 frapper: *hier* beeindrucken
6 déranger: stören
7 être adepte de qn/qc: Fan von jdm/etw. sein
8 édulcorer: entschärfen
9 déchargé: *hier* ohne
10 être aux antipodes *m. pl.* de qn/qc: genaues Gegenteil von jdm/etw. sein
11 faire référence à qc: sich auf etw. beziehen
12 saccadé/e *adj.*: abgehackt
13 le plan: *hier* Aufnahme, Szenenbild

chose de chabrolien[1] dans cet univers provincial, dans ce microcosme où s'affrontent, depuis des lustres[2], les vignerons aux travailleurs du bois, sans que l'on sache bien pourquoi.

Sans doute qu'à part la chasse que tout le monde pratique, il faut bien s'occuper le reste du temps, alors pourquoi pas s'inventer un ennemi ! La haine, ça permet de se situer[3] quelque part, ça se transmet facilement, et ça évite les discussions inutiles pour se justifier.

Quoi d'étonnant alors, dans un contexte pareil, que Martial, un jeune lycéen en butte avec[4] ce système, écœuré[5] par le sort[6] réservé au fou du village, décide le jour du mariage de son frère de commettre un carnage[7] en tuant cinq personnes. L'auteur, qui jamais ne porte de jugement revient ensuite sur le cheminement[8] de Martial et les évènements successifs qui l'ont poussé à commettre cet acte.

Les non-dits[9], la lâcheté[10] et l'injustice de la communauté villageoise sont parmi les éléments-clés, comme une sorte d'étau[11] dans lequel Martial s'est retrouvé coincé pour finalement totalement exploser.

1 chabrolien/-ne *adj.*: relatif à l'œuvre du cinéaste français Claude Chabrol, fasciné par la médiocrité et la bêtise, et la bourgeoisie de province
2 depuis des lustres: *loc.* seit Jahr und Tag
3 se situer: wissen, wo jdn steht
4 être en butte à: die Zielscheibe von etw. sein
5 écœuré/e *adj.*: angewidert
6 le sort: Schicksal
7 le carnage: Blutbad
8 le cheminement: Parcours, Weg
9 le non-dit: Unausgesprochenes
10 la lâcheté: Feigheit
11 l'étau *m.*: Schraubstock, *hier* Klemme

[...] Jusqu'au-boutiste[1] Guillaume Guéraud ? Un peu. Provocateur[2] ? Certainement. Néanmoins, loin de tout moralisme anesthésiant, il fait réagir et réfléchir sans jamais nous dicter quoi que ce soit, avec une rare intelligence.

Lison Futé 2008

www.mediatheque-noisylesec.org/lisonfute2008/pdf/lison2008.pdf

1 être jusqu'au-boutiste: immer bis zum Äußersten gehen
2 provocateur/-trice *adj.*: provokatorisch

Sujets d'étude

1. Présentez les raisons pour lesquelles l'auteur compare le roman à un film.
2. Analysez la structure et le message de ce texte.
3. L'auteur range Guillaume Guéraud parmi les «jusqu'aux boutistes». Expliquez ce terme en vous référant à votre travail en classe.
4. a) S'agit-il d'une critique réussie? Pourquoi (pas)? Donnez vos raisons.
   b) Rédigez une critique à votre tour.

Sylvain Marcelli

Je suis né chasseur ! Je mourrai pas gibier !

Le roman de Guillaume Guéraud […] est à l'image de[1] l'expression qui lui donne son titre. Brutal, sans concession[2], ultra violent. L'auteur raconte, en soixante-dix pages, format poche, comment un adolescent (Martial) déclenche une tuerie[3] dans le patelin (pas) si paisible de Mortagne. Sans verser dans le pathos[4] et sans chercher d'explications. Ce texte, qui se lit d'une traite[5], fait juste mal au ventre. Les éditions du Rouergue ont pris la responsabilité de l'éditer dans leur collection pour ados « doAdo noir », créant une vive polémique dans le milieu de la littérature « jeunesse ». À partir de quel âge peut-on lire un truc pareil ?

Éric Pintus et Thierry Moral viennent de l'adapter pour la scène […]. « Je ne sais pas s'il est possible d'être séduit par ce livre, reconnaît le premier. Pourquoi raconter un fait divers[6] en soixante-dix pages, alors qu'il ne devrait occuper qu'un quart de colonne dans Nice-Matin ? Pourquoi étirer ça en longueur[7] ? Pour ne rien arranger, Guéraud a une écriture tellement sèche… Il n'exprime aucun autre sentiment ou idée que la violence. Face à ça, deux attitudes sont possibles. Le lecteur peut le traiter de lâche[8]. Ou au contraire le remercier parce qu'il n'est ni moraliste ni fabuliste. »

1 être à l'image de qn/qc: wie jmd/etw. sein
2 la concession: Entgegenkommen
3 la tuerie: Blutbad
4 sans verser dans le pathos: ohne pathetisch zu werden
5 se lire d'une traite: in einem Zug lesen
6 le fait divers: Ereignis, Nachricht
7 étirer qc en longueur: etw. in die Länge ziehen
8 traiter qn de lâche *m./f. adj.*: jdn feige nennen

« C'est ça, juste ça ».

« Ce roman me plaisait car il parle de la violence de manière directe et non machiavélique, enchaîne[1] Thierry Moral. Il démonte un mécanisme, sans approfondir la psychologie des personnages. C'est ça, juste ça. »

Sur scène, les deux acteurs reprennent d'ailleurs le roman dans son intégralité[2]. Quelques virgules ont sauté[3], mais c'est tout. Qu'auraient-ils pu enlever ? Il n'y a pas un mot de trop.

Le texte est aride[4], linéaire, dépourvu[5] d'effets : l'adaptation ne fait pas dans l'esbroufe[6]. Le décor est d'un dénuement[7] absolu [...].

« Il y a juste une table et deux chaises – et pas de son », prévient, sourire en coin, Thierry Moral. « On ne bouge absolument pas, revendique Éric Pintus. Mais a-t-on vraiment le choix ? La bonne question, c'est que faire d'autre avec un texte pareil... ». Pourquoi dire à deux un roman écrit à la première personne ? « On veut montrer les deux états d'une même personne, les deux hémisphères du cerveau[8] », répondent les deux comédiens.

Chiens de paille.

En lisant le livre, difficile de ne pas penser à *Chiens de paille,* l'incroyable film de Sam Peckinpah – l'un des plus traumatisants[9]. Entre autres points communs : un village de

1 enchaîner: weiterführen
2 l'intégralité *f.*: Vollständigkeit
3 avoir sauté: *fig.* sind weg
4 aride *m./f. adj.*: trocken
5 dépourvu de: *hier* sans
6 faire dans l'esbroufe *f.*: *fam.* angeben
7 le dénuement: *hier* ohne jeden Schnörkel
8 l'hémisphère *m.* du cerveau: Gehirnhälfte
9 traumatisant/e *adj.*: schockierend, erschütternd

ploucs[1], un climat malsain, un faux calme qui finit par se déchaîner…

Le cinéma, les deux acteurs y ont pensé. Évidemment. « Guillaume Guéraud a une écriture très story board[2] », pointe Éric Pintus. « Il veut passer à autre chose ? Il s'en fout, il change juste de chapitre. […] On est loin de ce cinéma français que je n'aime pas, où les personnages s'enferment dans les toilettes pendant des heures pour discuter de la meilleure manière de faire des œufs sur le plat[3] ! » […]

Avec ce texte, c'est à toi de te figurer[4] le visage de Martial, de te fabriquer ton Mortagne, d'imaginer ce repas de noces qui va mal finir… »

Très mal, tu veux dire.

www.interdits.net/interdits/index.php/Je-suis-ne-chasseur-Je-mourrai-pas-gibier-Par-Sylvain-Marcelli.html

1 le plouc: *fam. péj.* Bauer, Stoffel, Prolet
2 l'écriture *f.* story board: *hier* Drehbuchstil, filmischer / filmhafter Stil
3 faire des œufs sur le plat: Spiegeleier machen
4 se figurer qc: sich etw. vorstellen

Sujets d'étude

1. Qu'apprend-on sur la représentation du livre sur scène? Décrivez.
2. Éric Pintus pose la question: «Pourquoi raconter un fait divers en soixante-dix pages, alors qu'il ne devrait occuper qu'un quart de colonne dans Nice-Matin?».
   a) Quelle est sa réponse?
   b) Quelle est votre position? Donnez vos arguments.
3. L'auteur propose une mise en scène du roman. Imaginez d'autres possibilités d'une représentation scénique.

Christian Schubert

Es gibt ein Leben außerhalb von Paris

« Bonne chasse » rufen sich die Jäger in Frankreich in diesen Tagen wieder zu. Ein paar Wochen haben sie noch, um auf die Pirsch zu gehen. Die Jagdsaison dauert in der Regel von Oktober bis März. In diesem Zeitraum müssen nicht nur die Tiere, sondern auch Wanderer und Spaziergänger auf der Hut sein. Denn Unfälle selbst mit menschlicher Todesfolge sind gar nicht so selten – auch wenn Jagdgegner und Jagdfreunde über die Zahlen heftig streiten. In praktisch allen Fragen liegen sich Gegner und Freunde der Jagd in den Haaren. Heftig sind die Auseinandersetzungen in manchen dicht besiedelten Gebieten. Denn es kann durchaus vorkommen, dass ein Spaziergänger am Dorfrand in erstaunlicher Nähe zu Wohnhäusern und Gärten Männer mit Jagdflinte begegnet. Oder dass eine Gruppe von Jägern dem Wanderer schon aus der Entfernung signalisiert, er solle den Wald gefälligst nicht betreten. „Denn der gehört uns", lautet die kaum verhohlene Botschaft.

Wem der öffentliche Wald gehört, ist eine alte Debatte in Frankreich. Der Jagdverband wehrt sich gegen die Unterstellung die anderen Nutzer verdrängen zu wollen. Doch die große Tradition der Jagd habe ihre Berechtigung und brauche ihren Platz. „Kein Land in Europa zählt so viele Jäger wie Frankreich, es sind rund 1,3 Millionen", verkündet stolz der Sprecher des Nationalen Jägerverbands, Pierre de Boisguilbert. Nach Fußball und Angeln sei es das beliebteste Hobby der Franzosen. Selbst die Hetzjagd mit Hundemeuten hat in Frankreich viele Anhänger. Viele Hirsche, Rehe, Wildschweine und Hasen werden die Hunderudel mit den Reitern in Schlepptau losgelassen. Es handelte sich dabei um ein natürlichen Kampf – ohne Eingriff des Menschen, der nur beobachtete, wie das Wildtier und sein natürlicher Angreifer die Sache unter sich austrügen, heißt es auf der Internetseite der Hetzjäger.

Für die Gegner ist das Jagen nichts anderes als ein aussterbendes Hobby alter Männer – die allerdings überproportional viel politischen Einfluss hätten. Über den Mangel einer politischen Lobby müssen sich die französischen Jäger auf jeden Fall nicht beklagen. Mit Frédéric Nihous zieht regelmäßig ein passionierter Jäger der Partei „Jagd, Angel, Natur und Traditionen (CPNT)" in den Präsidentschaftswahlkampf. Ein bekannter Radio- und Fernsehkommentator fragte kürzlich, warum es eigentlich keinen Kandidaten der Radfahrer, Wanderer, Boulespieler oder Dudelsackpfeifer gebe. Worauf Nihous den Journalisten aufforderte, doch ausnahmsweise einmal sein Studio zu verlassen und die Ringautobahn um die Hauptstadt zu überqueren. „Sie werden eine erstaunliche Entdeckung machen: Es gibt ein Leben außerhalb von Paris!"

4./5. Februar 2012 – Frankfurter Allgemeine Zeitung Nr. 30

Sujet d'étude

Expliquez à un ami français ce qu'on apprend dans cet article sur la chasse en France.

Annie Rolland
À la vie, à la mort (niveau avancé)

La violence meurtrière[1] d'un adolescent est une des pires choses que l'on puisse imaginer. En fait, on ne l'imagine pas, on ne se la représente pas. Elle est innommable[2], indicible[3]. Elle figure sous la rubrique des faits divers, des médias comme un non-sens[4]. Elle engendre[5] des constructions paranoïdes sécuritaires[6]. Elle renvoie à la figure du monstre tapi[7] dans l'ombre qui s'est emparé[8] d'un enfant. Et pourtant des écrivains et des cinéastes s'en emparent, non pas pour la montrer au sens littéral d'une monstration[9], c'est à dire révéler[10] le monstre, mais pour tenter de saisir et de mettre en évidence les éléments d'une histoire qui donneront du sens à ce qui, en apparence, n'en a pas. [...]

Il est nécessaire de s'interroger au-delà de nos préjugés[11] sur ce que représente pour des adolescents de treize à quinze ans une histoire aussi violente, tant du point de vue des actes que des sentiments.

Durant ce travail, j'ai rencontré des documentalistes de collège, passionnés et investis dans leur travail auprès des adolescents, et très attachés au choix de livres mis à leur disposition dans les rayonnages du CDI. L'une d'entre elles

1 meurtrier/-ère *adj.*: mörderisch
2 innommable *m./f. adj.*: unnennbar
3 indicible *m./f. adj.*: unaussprechlich
4 le non-sens: Nonsens, Unsinn
5 engendrer qc: etw. erzeugen
6 la construction paranoïde sécuritaire: *hier* paranoide/übertriebene/krankhafte Sicherheitsmaßnahmen
7 tapi/e adj: verkrochen
8 s'emparer de qn/qc: jdm/etw. in seine Gewalt bringen
9 la monstration: *hier* Beweis, Offenbarung
10 révéler qc: etw. entdecken, enthüllen
11 le préjugé: Vorurteil

me confie que je ne trouverai pas le roman de Guillaume Guéraud *Je mourrai pas gibier* dans sa bibliothèque car elle n'en a pas voulu après l'avoir lu. Trop violent.

Je propose donc d'en analyser ici le ressort dramatique[1] et son impact psychologique[2].

Gibier ou chasseur : la dialectique de la victime et du bourreau[3]

Le roman de Guillaume Guéraud commence par la fin de l'histoire. La rupture narrative[4] place le lecteur dans le même angle de vue[5] que la police qui découvre le spectacle atroce[6] d'un mariage transformé en massacre.

« Ce sauvage a confondu un mariage avec une partie de chasse ! Ouvre les yeux ! Il a aligné un tas de braves gens ! Dont un môme ! Et tu as vu la mariée ? Sa robe est gorgée de sang... Avec un trou grand comme ça sur le devant ! » (p. 8)

Cette introduction libère le lecteur de tout suspense et laisse rapidement la place au récit de Martial. L'adolescent habite dans un village dont l'organisation économique est partagée entre le travail de la vigne et le travail du bois. L'alcool, la violence, la haine et la chasse forment le quotidien des hommes de Mortagne. Le père de Martial a travaillé toute sa vie à la scierie. Il souffre d'une maladie incurable[7] des voies respiratoires[8] provoquée par la poussière de bois. *« Mon père se fait dévorer par le cancer des scieurs »* (p. 28).

1 le ressort dramatique: psychologische Aussagekraft (Wirkkraft)
2 l'impact *m.* psychologique: psychologische Auswirkung
3 le bourreau: Henker, Peiniger
4 la rupture narrative: erzählerischer Bruch
5 l'angle de vue *m.*: Blickwinkel
6 atroce *m./f. adj.*: grauenvoll, schrecklich
7 incurable *m./f. adj.*: unheilbar
8 les voies respiratoires *f. pl.*: Atemwege

Martial prépare un CAP de mécanique après avoir rêvé d'une formation de luthier moquée par sa famille. Il est interne[1] au lycée et revient chaque week-end au village.

Aucune ambiguïté[2] dans le discours de Martial : il déteste le village et ses habitants. Sous le clivage socio-économique[3] de Mortagne apparaît un clivage sous-jacent[4] lié à la tradition de la chasse sous la forme d'un dicton populaire.

« *Je suis né chasseur, je mourrai pas gibier* » (p. 11) disent les hommes de Mortagne. La métaphore gibier/chasseur se superpose[5] aux relations entre les gens du village, les hommes et les femmes, les patrons et les ouvriers, les riches et les pauvres, les forts et les faibles...

Cette métaphore est incarnée[6] par un drame dont Martial est le témoin[7]. Térence est un simple d'esprit, un « pleu-pleu », souffre-douleur[8] des jeunes gens du village. Il succombe[9] sous la torture infligée[10] par le frère de Martial et son ami Frédo.

[...] Ce meurtre gratuit[11] est commis sous l'égide d'[12]une effroyable cruauté la veille du mariage du frère de Martial, un enterrement de vie de garçon[13] digne d'un homme « né

1 l'interne *m.*: Interner, während der Schulwoche im der Schule angeschlossenen Internat untergebracht
2 l'ambiguïté *f.*: Vieldeutigkeit
3 le clivage socio-économique: sozioökonomische Kluft, Diskrepanz
4 sous-jacent/e *adj.*: unterschwellig
5 se superposer à qc: etw. überlagern
6 être incarné/e par qn/qc: durch jdn/etw. verkörpert/anschaulich werden
7 le témoin: Zeuge
8 le souffre-douleur: Prügelknabe
9 succomber: *hier* sterben
10 infligé/e par qn: von jdm zugefügt
11 gratuit/e *adj.*: *hier* willkürlich
12 sous l'égide *f.* de qn: *hier* unter dem Schutz von etw./jdm
13 l'enterrement *m.* de vie de garçon: Junggesellenabschied

chasseur ». Térence était « né gibier ». Martial le solitaire assiste impuissant à son agonie. Le désespoir à son comble[1] et la rage[2] dans le cœur il arrive dans la maison familiale où la fête du mariage est déjà commencée. Le déchaînement de sa haine commence ainsi :

« *Ça a commencé quand je me suis saisi de cette pelle et, moins d'une minute après, Frédo gisait par terre avec la moitié de la tête arrachée et je tenais un marteau et les mâchoires de ma sœur étaient brisées en plusieurs morceaux.* » (p. 53)

Martial s'empare ensuite du fusil de chasse de son père et s'installe dans l'encadrement de la fenêtre de la chambre de ses parents commence par tuer son frère et sa femme, puis continue jusqu'à ce qu'il n'ait plus de cartouches. Notons qu'il épargne son père et sa mère.

« *J'ai pressé la double détente et les deux déflagrations se sont chevauchées alors que le corps de mon frère se faisait arracher du sol par les microbilles de plomb.* » (p. 59)

L'auteur procède à une narration méthodique[3], une description factuelle[4], froide et sans affect[5] de l'entreprise meurtrière de Martial. Des souvenirs relatifs à ceux qu'il met en joue[6] surgissent comme pour rendre la scène encore plus irréelle. [...] Pas de haine, plus que la mort mécanique... L'écriture est incisive[7], lapidaire[8] ; les mots de Guillaume Guéraud jaillissent par salves comme autant de balles qui

1 à son comble: auf dem Höhepunkt
2 la rage: Wut
3 la narration méthodique: *hier* zielgerichteter, konsequenter Erzählungsstil
4 factuel/le *adj.*: faktisch, auf Tatsachen gerichtet
5 l'affect *m.*: Gefühlsäußerung
6 mettre en joue (fusil): (Gewehr) anlegen
7 incisif/-ive *m./f. adj.*: schneidend
8 lapidaire *m./f. adj.*: *hier* knapp, nüchtern, geradlinig

fusent[1] et tuent. Le bien et le mal sont dissous[2] dans le non-sens ; la haine sécrétée[3] par les personnages a un effet sidérant[4]... C'est le chaos.

Les lecteurs sous le choc de cette lecture haletante[5] resteront presque sans voix[6], à l'instar de[7] A., 16 ans qui vient de lire le roman de Guillaume Guéraud en une heure, sans faire de pause. « *Un coup de poing dans la figure* » dit-il après quelques minutes pour reprendre son souffle, « *quand on lit la scène où Martial tue Frédo avec la pelle, on est content. Ma main accompagne sa main...* ». Ce commentaire de lecture est digne d'[8]effrayer l'adulte soucieux de l'équilibre psychique d'un adolescent. Ce serait ne pas tenir compte des affects sous-jacents engendrés par la lecture de l'histoire.

Dans l'histoire de Martial, conformément au vieil adage[9], la violence engendre la violence. La lecture du passage à l'acte meurtrier engendre une violente émotion reliée à une identification au personnage de Martial, mais aussi des sentiments spécifiques : un sentiment d'injustice face à la vulnérabilité[10] d'un simple d'esprit[11] et un désir de vengeance. La destruction comme solution d'un désespoir total engendre un sentiment de profonde tristesse et de désolation[12]. Martial qui songeait garder la dernière

1 fuser: unter Zischen abbrennen, *hier fig.* aufblitzen
2 être dissous/dissoute dans qc: in etw. aufgelöst sein
3 sécrété/e *adj.*: *hier* abgesondert, geäußert
4 l'effet *m.* sidérant: verblüffende Wirkung
5 haletant/e *adj.*: *hier* atemberaubend
6 rester sans voix: sprachlos bleiben
7 à l'instar de qn: wie jmd
8 être digne de qc: etw. würdig sein
9 l'adage *m.*: Lebensweisheit
10 la vulnérabilité: Verletzbarkeit
11 le/la simple d'esprit: geistig Behinderte/r
12 la désolation: Verzweiflung

cartouche pour lui, oublie, et dans la confusion[1] les utilise toutes. Il rate même son suicide... il saute par la fenêtre du premier étage et se casse une jambe. Souffrir… encore.

De la mise en acte[2] à la mise en scène[3]

[…] Qu'est-il arrivé à Martial, adolescent capable de compassion[4] pour Térence, capable de rêver d'un métier de luthier, capable de distinguer le bien du mal ? L'état de désaffectation[5] total durant lequel il va massacrer les convives survient après la haine qui le conduit à tuer Frédo. La mort de Térence génère[6] une émotion de trop, de celles qui brisent le lien qui nous unit à notre sentiment profond de continuité d'exister[7]. […] [N]ous comprenons qu'il connaît, devant le corps mutilé de Térence, une expérience émotionnelle qui va être pulvérisée[8], atomisée[9] dans l'action.

Le désespoir de Martial n'est représenté par aucune parole, l'angoisse n'est pas ressentie, ne correspond à aucun affect inscrit psychiquement[10]. […] L'acte meurtrier est la seule issue[11] à défaut de pouvoir penser, énoncer[12].

1 la confusion: Verwirrung
2 la mise en acte: Umsetzung in die Tat
3 la mise en scène: Regie, Darstellungsform
4 la compassion: Mitgefühl
5 l'état *m.* de désaffectation: Zustand der Gefühllosigkeit
6 générer: verursachen
7 de celles qui brisent le lien […] d'exister: die das Band zerstören, das uns mit dem Bewusstsein unserer eigenen Existenz verbindet (und das Sinn und Selbstbewusstsein stiftet)
8 pulvériser qc: *hier* vernichten
9 atomisé/e *adj.*: etw. vernichten
10 l'angoisse *f.* […] ne correspond à aucun affect inscrit psychiquement: *hier* die Angst erfährt keinen seelischen Druck mehr
11 l'issue *f.*: la solution
12 énoncer: zum Ausdruck bingen

Lire pour « déviolentaliser la violence[1] »

[…] Du point de vue du lecteur il est intéressant de constater que l'affect violent que Martial n'élabore[2] pas, qu'il décharge[3] (au propre comme au figuré) dans l'action mortelle, provoque un affect tout aussi violent que l'adolescent lecteur peut élaborer parce que les mots du roman lui donnent l'espace psychique pour lier les représentations et les affects[4].

C'est le lecteur qui devient l'interprète par procuration[5] de Martial. Je sais que lire n'est pas thérapeutique, mais je formule le vœu[6] que mon propos infléchisse l'opinion[7] de ceux qui ne songent qu'à « sécuriser » l'espace social[8] aux dépens de[9] la reconnaissance de la souffrance psychique[10] des enfants et des adolescents éperdus[11] de désespoir[12] et de solitude mortifère[13].

La réalité sociale est différente de la fiction romanesque[14] mais la dimension symbolisante du langage[15] est la même

1 déviolentaliser la violence: *erfundenes Wort (entgewaltigen), hier* der Gewalt das Gewalttätige zu nehmen
2 élaborer qc: etw. erarbeiten
3 (se) décharger (de) qc: *hier* entladen
4 donner l'espace *m.* psychique pour lier les représentations *f. pl.* et les affects: den psychischen/seelischen Raum geben, um die äußere Welt der Erscheinungen und die innere Welt der Gefühle (wieder) zu verbinden
5 par procuration *f.* de: ermächtigt durch / mit der Vollmacht von
6 le vœu: Wunsch
7 infléchir l'opinion *f.* de qn: changer l'opinion de qn
8 sécuriser l'espace *m.* social : dem gesellschaftlichen Raum den Anschein von Sicherheit verleihen
9 aux dépens de qn/qc: auf Kosten von jdm/etw.
10 la souffrance psychique: psychisches Leid
11 être éperdu/e de qc.: vor etw. überwältigt sein
12 le désespoir: Verzweiflung
13 la solitude mortifère: tödliche Einsamkeit
14 la fiction romanesque: romanhafte Fiktion
15 la dimension symbolisante du langage: stellvertretende Symbolkraft der Sprache

pour tous. En guise de conclusion, ou bien d'ouverture, donnons la parole à un adolescent violent s'adressant à ses psychothérapeutes : « Vous me donnez les mots pour les choses auxquelles j'ai pensé sans avoir les mots. »

Mesdames et messieurs les écrivains, donnez-nous encore des mots pour donner une forme à ce qui nous affecte[1].

La Cahuette, le 12 mai 2010

www.ricochet-jeunes.org/le-livre-en-analyse/article/118-a-la-vie-a-la-mort

1 affecter qn: jdm nahe gehen

Sujets d'étude

1. Exposez brièvement le problème dont parle l'auteur du texte.
2. Précisez à quelles lignes du texte se réfèrent les énoncés suivants:

Énoncés	**Lignes**
La métaphore gibier/chasseur s'incarne dans le drame de Térence qui devient la victime innocente du frère de Martial et de Frédo.	
Ce sont le sentiment d'impuissance, son désespoir et sa rage qui sont à l'origine de la haine de Martial.	
Le récit de l'«entreprise meurtrière» de Martial décrit la scène de façon froide et sans aucune émotion.	
Le lecteur ressent l'injustice et le désir de vengeance dont souffre Martial.	
La folie meurtrière paraît être la seule solution au désespoir de Martial, mais elle le laisse dans une profonde tristesse et désolation.	
Martial passe aux actes parce qu'il ne peut pas accepter la mort injuste de Térence: il veut le venger et punir tous ceux qu'il croit coupables.	

3. Précisez comment vous comprenez les citations suivantes:
   a) «Cette métaphore est incarnée par un drame dont Martial est le témoin.» (p. 87, l. 14–15)
   b) «Dans l'histoire de Martial, conformément au vieil adage, la violence engendre la violence.» (p. 89, l. 15–16)

c) «La mort de Térence génère une émotion de trop, de celles qui brisent le lien qui nous unit à notre sentiment profond de continuité d'exister.» (p. 90, l. 10–12)
d) «La réalité sociale est différente de la fiction romanesque mais la dimension symbolisante du langage est la même pour tous. En guise de conclusion, ou bien d'ouverture, donnons la parole à un adolescent violent s'adressant à ses psychothérapeutes: ‹Vous me donnez les mots pour les choses auxquelles j'ai pensé sans avoir les mots.›» (p. 91, l. 16 – p. 92, l. 4)

4. Que pensez-vous? Est-ce que la lecture d'un roman brutal et violent comme celui de Guéraud peut aider à mieux maîtriser nos sentiments violents/de violence? Justifiez votre réponse.
5. Connaissez-vous d'autres romans ou des films qui par leur brutalité veulent atteindre le même objectif? Racontez.

Guillaume Guéraud, est né en 1972 à Bordeaux. Enfant unique, élevé par une mère célibataire, il a habité jusqu'à ses vingt-quatre ans à Floirac, une cité populaire de Bordeaux sur la rive droite de la Garonne. Diplômé de l'IUT de Bordeaux, il a travaillé dans divers quotidiens régionaux, rêvant de devenir journaliste.

Mais comme il ne «rentrait pas dans le moule», il s'est mis à écrire. Son premier livre *Cité Nique-le-Ciel* sorti en mars 1998 aux Éditions du Rouergue sera suivi de nombreux romans dans les collections doAdo et Zig Zag. On le retrouve aussi aux Éditions Thierry Magnier et aux Éditions Milan Jeunesse

Il habite aujourd'hui à Marseille et vit de ses droits d'auteur et d'animations littéraires. La violence, l'écriture directe et rythmée sont caractéristiques de son style, de même que les références cinématographiques, qui jalonnent presque tous ses romans. Il est notamment l'auteur du roman policier *Affreux, sales et gentils* qui a remporté le Prix Fnac des jeunes lecteurs en 2006.

Il réalise également de petites leçons d'écriture «impertinentes» qu'il appelle des «autofilms», réalisés avec son téléphone portable et qu'il publie ensuite sur le site de partage de vidéo.